逆境を生かす人 逆境に負ける人

The Resiliency Advantage
Al Siebert, PhD

アル・シーバート
林田レジリ浩文 訳

Discover

逆境を生かす人
逆境に負ける人

The Resiliency Advantage

日本の皆様へ

私たちは絶え間なく変わり続ける時代を生きています。

そして、そんな時代に最も職場で力を発揮し、また思いがけない問題が持ち上がったときに最も家族や友人たちの力になれるのが、心に弾力性のある（resilient）人々です。

私は長年にわたって、そんな人々を研究してきました。

その過程で、心理学で教えられてきたことがどうも当てはまらないという例に多く出会いました。たとえば、心に弾力性のある人は、楽観的あるいは悲観的のどちらかではなくて、そのどちらの資質も備えていました。

また、真剣さと不真面目さ、利己主義と利他主義、そんな相反する性格をあわせ持っていたのです。

弾力性のある人は、今まで経験したこともないような状況で、一つの反応に制限されることなく、場合によってはまったく逆の反応ができるということも、研究を通してわかった点です。

私がこのことを話したところ、東洋の賢人たちはそのことをずいぶん前に理解していた、と教えてくれた人がいました。

自分が発見したと思っていたことを、実は何百年も前、すでに東洋の賢人が知っていた。私はそれを聞き、東洋の英知に畏敬の念を抱きました。

弾力性のある人は、あらゆる相反する性格を同時にあわせ持つことができます。そして、この変化の絶え間ない現代において、そんな心の多様性を身につけた人が、変化を軽々と乗りこなしていくことができるのです。

アル・シーバート

はじめに

あなたは、自分がいる場所が何かしっくりこない、と感じたことはないだろうか？
私自身がそう感じたのは、臨床心理学の大学院課程をほぼ終えるころのことだった。
「何かがしっくりこないな」という思いはあるが、それが何なのかわからない。

その答えは突然ひらめいた。それは、私の学んだ臨床心理学の授業は精神を病んだ人の研究はするが、健全な精神を研究の対象としてはいないことにあった。つまり臨床心理学や精神医学というものは健康な精神に関する学問ではなかった。それらは精神疾患に関する学問だったのだ。

その思いを強くしたのは、当時私がクラスを持っていた心理学専攻の大学生たちに「心理学的に健全な精神を定義せよ」という課題を出したときだった。30人いた学生たちは、学んだ心理学の知識を駆使して答えを書いてくれたが、それらは、心理学には健全な精神に関する知識はほとんどない、という私の思いをさらに強くする結果になった。

ほとんどの学生が、健全な精神とは「精神疾患の症状が認められない状態をさす」という答えしか持ち合わせていなかったのだ。

やがて私は大学院を修了した。そして、人生の逆境にありながら健全な精神を保って生き抜く人たち、それも困難を切り抜けるたびに以前よりも強くなっていく人たちの研究を始めた。

まず思い浮かべたのは、私が落下傘部隊に所属していたころ訓練を受けた、第二次世界大戦を生き延びた教官たちのことだった。訓練を受けた3年間でわかったのは、彼らはただ運がよかったとか、「たまたま」生き延びることができたというのではない、ということだ。彼らの持っている何らかの資質が、ほとんどの者が生きて帰ることのできない激戦を生き残らせたのだ。

私はまた、ヴィクトル・フランクル博士のことも思い出した。ユダヤ人であった博士は、アウシュビッツに収容され、家族と多くの同胞を殺された。生き残った博士の体験は名作『夜と霧』などの本に残されている。

フランクル博士は私の大学で自身の収容所での体験を講義したことがあった。驚くべきは、そんな地獄を生き抜いた博士の精神に、少しもすさんだところがなかったことだ。その精神はとても生き生きとしていたのだ。

また、その当時私が興味を持ったものに、アブラハム・マズローの「分水嶺の法則」がある。マズローはこう書いている。

「この法則は、同じストレスを受けても、その人の精神がひよわであれば精神に異常をきたすことになるが、精神が頑健であれば、以前にも増してその精神は強靭になることをいう」

「なぜ、逆境を克服するたびに強く、そしてよりよくなっていける人がいるのだろう?」

そして、「どうしたら、そんな人になれるのだろうか?」

そんな問いに対する私なりの答えが、１９９６年に発行された『逆境に負けない人の条件』（邦訳は２００５年フォレスト出版刊）になる。発売されるや否や、多くの企業や団体からの問い合わせが来た。

その多くが「どうしたらそれを職場に応用できるか」というものだった。

そして私がこの10年、彼らに教えてきたエッセンスが、本書だ。

私たちは大変な時代を生きていると思う。時代は大きく変わっている。

あまりにも多くの変化が、あまりにも早く起こる。間断なく起こる変化や思いがけない展開から目をそむける人もいるが、この本を読むあなたは、そんな人に差をつけることができる。

ぜひ、この本から、変化の中にあっても強くエネルギッシュに生きるすべと逆境に負けない力を、さらにあらゆる困難から力をもらう強さを身につけていただきたい。

The Resiliency Advantage

CONTENTS

目次

逆境を生かす人
逆境に負ける人

PROLOGUE

プロローグ　心に弾力性のある人がうまくいく

STEP1

ステップ1　ストレスを味方にする

STEP2

ステップ2　問題解決のスキルを学ぶ

STEP3

ステップ3　柔軟な考え方を身につける

STEP4

ステップ4　逆境を成長のチャンスにする

The Resiliency Advantage

PROLOGUE

プロローグ

心に弾力性のある人がうまくいく

1

心に弾力性のある人は不運を幸運に変える

あなたは人生で経験する挫折にどう向き合っていくだろうか？　人はさまざまなやり方で困難に向き合う。

感情を爆発させ、キレてしまう人もいる。人を激しく罵倒するだけでなく、中には実際に暴力を振るう人もいる。

また、内にこもってしまう人がいる。感情の矛先が自分に向かい、どうしていいのかわからなくなってしまうのだ。自分を無力だと感じ、圧倒されてしまって、問題に向き合おうとすることさえできない。

自分は犠牲者だと運命を呪う人もいる。自分の人生が台無しになったのは他人のせいだと人を責め、人生の坂を転がり落ちていく。

「人生は不公平だ。やつらが私にこんな仕打ちをするなんて！」

いつまでもこんなセリフで呪い続けている。

それから、もう一つのグループがいる。困難に際して状況を把握し、そこにある危機と向き合う人たちだ。困難を切り抜けるだけでなく、それによって以前よりも強く、そして人間的にも磨かれていく人たち。彼らは、たとえ仕事上で大きな失敗をしても、それをさらに上のキャリアへのステップにしてしまう。

心に弾力性があり、柔軟で、新しい状況に素早く適応し、変化していく環境の中で力強く成功することのできる人たちだ。

ここで大切なのは、彼らは逆境を乗り越えるのを前提にしているということだ。まるで、普通の人なら不運と感じてしまうような状況を好運に変えてしまう魔法を知っているかのようだ。

これまでは、私たちは自らの才覚で心の弾力性を身につけていかねばならなかった。しかし、今では「レジリエンシー心理学」という新たな学問によって、誰でもその人に合った方法で心の弾力性を簡単に身につけることができるようになった。

レジリエンシー（resiliency）とは、「弾力性」を意味する。多くの研究の成果により、心の弾力性を持つ人に共通する性質を特定することができた。この後に続く各章で、あなたは、あなたなりの方法で心の弾力性を獲得する最新の心理学を学んでいけるだろう。

Point

心に弾力性がある人は挫折や困難を乗り越え、しかもそれによって成長する。そして、誰でも弾力性は身につけることができる。

2

心に弾力性のある人はどこが違うのか？

悲しいことに、人生が思うようにいかないときに被害者意識を持ち、他人のせいにする人は案外多いものだ。

彼らは、他人のアドバイスに耳を傾けないし、その危機を乗り越えることによって自分を高めようと思いもしない。

はたから見ていると、まさに自縄自縛。彼らは自分で事を難しくしているようにも見える。これは大変なハンディを自分に課していることになってしまう。

被害者意識は、自分の無力感を深める。**他人のせいにするのは、自分の人生を改善する作業を他人まかせにするようなものだ。**

自分の人生を台無しにしたと他人を責めていては、そこから立ち上がることはできない。

一方、心の弾力性を持っている人たちは、押しつぶされそうな人生の波に出会っても立ち直れる。

彼らは人生の困難に出くわしても、建設的な方向へ自分の感情をコントロールしていく。もちろん、傷つけられ落胆させられれば、一時的には悲しんだり、怒ったり、失望したり混乱したりすることはある。

しかしそれをいつまでも引きずることはない。そして面白いことに、**彼らはその傷から立ち直るだけでなく、そこから以前よりさらに力を得て強くなっていくのだ。**

まさに「生き延びることさえできれば、すべての出来事は私をさらに鍛え上げるものとなる」というニーチェの言葉の、生きた見本のような人たちだ。

だから、弾力性のある人は、他の人たちよりも軽々と人生の逆境を乗り越えているように見える。逆境を乗り越えることで、彼らは新しい考えややり方を発見し、今までにはなかった自分の力を獲得することができる。

心の弾力性は、現代の世界でますます重要になりつつある。この不安定で、混沌とした時代は、どうやらすぐには終わりそうもない。
あなたは、自分自身と家族を守るためにも、今までよりさらに弾力的になっていかねばならない。

Point

弾力性がある人は、被害者意識を持たず、
自分の感情を建設的な方向に向けることができる。

3

あなたも弾力性のある人になれる

弾力的で、柔軟であれば、被害者意識を持って絶望を嘆く人たちに圧倒的な差をつけることができる。

また、そのような存在であることは、ビジネスにおいても必須のスキルだ。企業戦士であろうと、公務員、自営業であろうと、誰もが変化の波にさらされている。

一度、破滅的な人生の波に襲われた後のあなたは、その前と同じ人間ではあり得ない。つまり、その波に対応するか粉砕されるか、よりよくなるか悪くなるか、あるいは強くなるか、弱くなるか。そのどちらかなのだ。

これまで、人は自らの経験を通して心の弾力性を持つ方法を見つけてこなければならなかった。しかし今日のレジリエンシー心理学の研究によって、どんな強さを身につければいいのかが明らかになり、誰でもそう願えばそれを身につけることができるようになった。この本では、仕事の上での心の弾力性をメインに説明していくが、それは人生のあらゆる局面に応用できるものだ。

最も勇気づけられる心理学上の研究成果は、誰でもが望めば弾力性のある人になれるように生まれついている、ということだ。

とはいえ、この本は何をし、どう考えればいいのかを手とり足とり教えるマニュアルではない。そもそも、人生のすべてに対応できるマニュアルなどない。

どう考え、どう感じ、どう行動すればいいのかを教えられた人間は、予測可能な局面ではうまく立ち回ることができても、予測不能な場面ではどうなるだろう。

「調教」された人間は変化を恐れ、予想に反する状況ではうまく問題解決を図れないだろう。しかし、弾力性のある人々はどんな状況になっても、あらゆる手を使って道を開いていこう、と信念を持ってベストを尽くす。

あなたはあなた独自の心の弾力性を、自ら学んで身につけていかねばならない。決まったやり方があるわけではないのだ。
テクニックを学べば何とかなるだろうと考える人がいるかもしれない。それで、少しでもそのテクニックでうまくいかないことが出てくると、すべてを投げ出してしまう。
それは、缶切りを缶にぶつけながら「缶が開かない」と文句を言っているようなものだ。悪いのは缶切りではなくて、あなたなのだから。

心の弾力性を持った人になる道は、どんな困難や逆境も自分には切り抜ける力がある、と決意することから始まる。その覚悟こそが人生の失敗と成功を分ける分水嶺になるのだ。

Point

弾力性を身につけるテクニックがあるわけではない。「どんな困難や逆境も切り抜ける力が自分にはある」と決意することから始めよう。

4 自分の人生は自分でコントロールする

絶望的な状態の中で、あなたならどう動くだろうか？

一度夢見た人生が粉々に崩れ去ったとき、あなたはどうするだろうか？

そんな大変な困難を切り抜けた人の話は、とても刺激的で参考になる。まさに弾力性の見本だ。

ガートという女性がいた。彼女は、学生時代からの恋人ニールと結婚した。ニールはガートの親が経営する帽子製造の小さな会社で働き始める。ニールは懸命に働き、やがてその会社の社長となった。

だが、彼は突然の心臓発作で亡くなってしまう。１９７０年のことだった。

残されたガートは涙にくれた。仕事はすべてニールが取り仕切っていたし、両親はもはや仕事をするには年を取りすぎていた。家のお金もすべてつぎ込んでいたから、もし会社がダメになれば彼女は家族とともに路頭に迷うことになる。

そしてガートは、自分の力の及ぶ限り会社をつぶさないと決意する。大学に通っていた息子のティムを呼び戻し、ともに会社の立て直しに奔走した。

何しろ多額の借金があったし、多くの従業員も抱えていた。夜遅くまで働き、土日でも商品を発送する毎日が続いた。

やがて経営は安定し、彼らはスポーツウェアの製造にも手を広げることを決める。ガートは製品一つひとつにまで徹底してこだわった。

そのこだわりは、ガート自身の妥協を知らない職人魂を広告にしたキャンペーンでも発揮された。このキャンペーンで、彼らの会社は一躍有名になった。

そのブランドこそ、世界的に有名な「コロンビア・スポーツウェア」だ。

この広告では、ガートが息子のティムに眼鏡の向こうから鋭い眼を向け、徹底的に商品の耐久性をテストさせる姿が象徴的に使われた。

彼女のリーダーシップの下でコロンビア・スポーツウェアは破産の淵からただ蘇っただけではない。

彼らはオレゴンの小さな帽子屋から、世界的なアウトドアウェアの製造メーカーへと立ち上がったのだ。


他の誰かのせいであなたの人生が危機に陥ったと感じたときに、あなたが考えなければいけない重要なことは、「自分の人生に責任を負うのは誰か？」ということだ。

実はこの問いこそがあなたの弾力性を決定する。これからそのわけを話していこう。


ベトナム戦争が激しさを増していた1960年代のアメリカで、ジュリアン・ロッターという人が一つの心理学のテストを行った。これはどんな人が自発的にベトナム戦争に反対する運動を起こし、またどんな人が自分からは運動を起こそうとしないのかを調べるテストだった。

ロッターが発見したのは、自分からアクションをとる人は自分の人生をコントロールする力が自分にあると感じていたということだ。彼はこれを「自分コントロール型」と呼んだ。それに対し、自分の人生をコントロールする力は自分以外にあると感じている人は、ほとんど自分からはアクションを起こさなかった。これを「他人コントロール型」と呼ぶ。

面白いのは、その感じ方そのものが人生に大きな影響を及ぼす点だ。

自分の人生はいつも自分以外にコントロールされていると信じている人は、自らその信念が正しいことを証明するような生き方をする。

そして人生をコントロールするのはいつも自分だという信念を持つ人は、それを証明するような生き方をする。

今までのいくつもの研究で、自分コントロール型の人が、困難な状況にもうまく対応できるということが明らかになっている。**彼らは、自分の人生の舵を握っているのは自分自身だと感じていて、自分が状況に影響を与えることができると思っている。**

それに対して他人コントロール型の人は、被害者意識が強く、人のせいにすることが多いとわかっている。自分が置かれた状況は自分のせいではなく、他人や外的な要因のせいだと考えてしまうのだ。

もしあなたが自分コントロール型なら、自分を不当に過小評価して何も行動を起こさない人を見て歯がゆく思っているかもしれない。しかし、彼らは行動を起こさないのでなく、起こせないのだ。

私は自分のワークショップでも、この種のことをしょっちゅう感じている。

たとえば、「どうしたら同僚の愚痴をやめさせることができますか？　愚痴を聞いていると気が滅入るんです」という、ありがちな質問だ。私が愚痴を聞いてもなんとも思わないようにする方法を話しても、彼らは耳を貸さない。

彼らが考えるのは、「他人が変わってほしい」ということであって、「いかに自分が物事に対処できるか」ではない。

心に弾力性のある人は誰かが助けに来るのをただ待っているということはしない。彼らは自分の感情をコントロールし、ゴールを設定してそのゴールに自ら近づいていくようにする。そして、以前よりよい状態を手に入れたりするのだ。

彼らが、「あの逆境のお陰で今がある」と、あたかも感謝しているかのように話すのを聞くことさえあるかもしれない。

彼らは、思いもよらない困難に出会ったときの心の使い方がうまいのだ。八方ふさがりの状況に置かれても、そのうちにすべてがうまく回り始めるさ、という態度を崩さない。たとえ、今まで当然と考えていたものがなくなっても、彼らはそこから這い上がり、さらに強く、そしてより賢くなっていける。

Point

自分の人生に責任を持ち、人生をコントロールすると決めると、人生は好転し始める。

5

心の持ち方が弾力性を左右する

レジリエンシーに関する研究で明らかになったのは、心の持ち方や信念があなたの弾力性のレベルを大きく左右するということだ。

そういった研究の中で最も特筆すべきものは、絶え間ない変化の波の中にあっては、**自分が環境をコントロールする力を持っているという考え方を保ち、そして自分から事を起こすことができる人間たちが道を開いていく**ということである。

これから挙げる心理法則の中に、あなたの考えに近いものはどれだけあるだろうか？

①人は逆境の前と後とでは同じ人ではない。強くなっているか、あるいは弱くなっているか。人柄がよくなっているか、はたまた人柄が悪い人間になっているか。そのいずれかだ。あなたの中には、そのどちらにでもなれる力がすでにある。

②逆境や破壊的な変化を乗り越えるとき、あなたの心あるいは習慣が物を言う。それが助けになるときもあれば、足を引っ張るときもある。

③うまくいかないときにそれを他人のせいにする人は、心の弾力性が低い。それは被害者的な態度だ。そこからは積極的な行動は生まれない。

④人生が公平だって？　そんなことは最初からない。でも、だからこそいいのである。心に弾力性のある人への道は、自分の人生にどこまでも責任を持つことから始まる。困難を懸命に乗り越える過程で、人は自分の新しい能力に目覚めていく。

⑤あなたには、あなたなりの方法がある。人生という名の学校では、あなたが自発的に学びを深めていかなければならない。

⑥自分をよく知ることで、弾力性のレベルを高めることができる。他人から押し付けられ

るのではなく、自分自身のユニークな方法を発見していくことだ。常に観察し、実験し、そこから得られるあらゆるフィードバックを受け入れていこう。

⑦周りの物事をよく観察し、状況に合った選択を意識的にしていくことだ。意識的に選択していくことが、自立し、人生をコントロールしていくための力になる。

⑧弾力性を身につけるほど、あなたは逆境をうまく、そして早く乗り越えられるようになる。

Point

自分が環境を変えることができると信じれば、道は開ける。

6

心の弾力性を持つために越えるべき3つの壁と実行すべき4つのステップ

先天的に運動神経抜群という人がいるように、生まれついて弾力性のある人がいる。ただ、普通の人の多くも、弾力性のある人になる芽は潜在的に持っているのだ。しかし残念ながら、それに気づき、芽を育てるすべを知らないだけなのである。

いずれにしても大事なことは、何歳になっても学ぶのに遅すぎることはないということだ。

さて、あなたが次の3つに該当するようなら、それは心の弾力性を高めるためには障害となる。

①いつもよい子でいるように育てられた。

②いつも自分以外の力が自分の人生をコントロールしていると信じ込まされた。
③ストレスという間違った概念を信じ込まされている。

この後のページで、これらの障害から自由になる方法を話していこう。

また、これからの話はピラミッド型の階層になっている。ステップ1から4の順で、上に積み重なっていくものだと思っていただきたい。

ステップ1　ストレスを味方にする
ステップ2　問題解決のスキルを学ぶ
ステップ3　柔軟な考え方を身につける
ステップ4　逆境を成長のチャンスにする

ステップ1では、健康的でエネルギーに満ちた生活を送ることにフォーカスする。ここで、ストレスという語にまつわる誤解を学んでいく。また、大きな変化やプレッシャーの中でも心を前向きに保つこともステップ1に含まれる。固定的なやり方があるわけではなく、あなたにぴったりのやり方を探していけばよい。

心理学が証明していることによれば、悩みを乗り越えるのに、内向的な人は「一人の時間」が必要だが、外向的な人はそれを他人に聞いてもらうことが有効だ。そのように、人それぞれ、やり方は違っていていいのだ。


ステップ2では、問題解決の方法を学ぶ。大きな困難に直面した場合、問題に集中しているときには、粘り強く解決の道を探ることができる。だが、感情に流され被害者意識を持ってしまうと、無力感から解決の糸口をつかむことができなくなってしまう。


次のステップ3では、弾力性のある人に共通する能力やスキルを身につけていく。たとえば、好奇心や自ら学んでいく姿勢がそれだ。

また前向きであることも大事だ。楽天性やポジティブ・シンキング、協調性といった資質が逆境にどれほど有効か、ということも見ていこう。

逆説的に聞こえるかもしれないが、複雑で多様性に富んだ性格が感情的には安定するということもあるのだ。最も弾力性のある人たちは、拮抗する（正反対の）資質を自分の中に持つことを強みにしている。彼らは、人の言いなりにならずに、うまく人に溶け込んでいる。

ステップ4は最上のレベルだ。ここまで到達した人にとっては、絶え間ない変化の時代こそが自分の能力を発揮する最高の場所となる。

彼らは、新しい現実をいち早く受け入れられるので、それに無理にあらがうことはしない。起こるべきことは、遅かれ早かれ起こるだろうと思っている。現実にすぐに適応しながらも、その現実を自分に都合のいいように動かしていく。

大変な変化の波にあっても、彼らは多様な選択肢を持っていて、それにのめりこみすぎずにうまく距離を持って対応することができる。

「セレンディピティ」という言葉をあなたは知っているだろうか？　それは不運を好運に変えてしまう能力のことだ。

不幸の淵から這い上がった人の話はとても興味深いものがある。彼らは単に生き延びた、というだけでなくそれによってよりよく、より強くなっている。

ランス・アームストロングという人がいる。彼は全身に転移したガンで一度は死にかけた。彼がツール・ド・フランスという自転車レースの最高峰に何年にもわたって優勝し続けたのは、大変な手術と薬物治療によってガンを克服した後だったのだ。

アームストロングはあるインタビューでこう語っている。

「もし僕がガンとツールで優勝すること、この二つの経験のどちらか二つに一つの二者択一を迫られたら、僕はガンのほうを取る」

「これは僕の人生への思わぬ警告だった。しかし、そいつは、思わぬギフトもくれたんだ」

大変な治療と回復のプロセスの中で、何かが彼を変えていった。そしてそれが、健康であること、愛する家族、そしてよき友人たちのかけがえのない価値を彼に教えてくれたのだ。

心の弾力性を高めていけば、今日の社会を生き抜く大きなアドバンテージを得ることになる。あなたがこの本で学ぶことと、あなたが実生活で学んだこと、この二つが合わさることが最も効果的な学びになる。この本に書かれたことだけがあなたにとって有効とは限らないのだ。

人生という名の学校では、学ぼうとしなければ何も学べない。

Point

あなたが何歳であっても、どんな性格であっても、
弾力性は身につけることができる。

心の弾力性診断テスト

この後、ステップ1から始める前に、あなたの心の弾力性のレベルを知っておこう。

心理学は、どんな人の心の弾力性が高いかを明らかにしている。左に示す項目は、特にそれが高いとされている人たちに共通している資質と考え方の特徴を示している。

このテストで、自分がすでに十分持っているものや、さらに強化が必要なことがわかると思う。また、あなたの周りの人が心の弾力性がある人かどうかを判断する基準にもなるだろう。

＊質問に対して、次の1から5のどれかを選んで□に書き込みます。最後にその点数を集計してください。

1　まったくあてはまらない　2　あまりあてはまらない　3　ときどきあてはまる

4　よくあてはまる　　5　常にあてはまる

❶危機が迫ったとき、いつも落ち着いて何をしたらいいのかを考えることができる。…… □

❷楽天的で、困難を乗り越えられるし、最終的にはうまくいく。…… □

❸不確実さやあいまいさを受け入れることができる。…… □

❹物事にすぐに適応できる。…… □

❺遊び心があり、深刻な状況の中でも楽しいことを見つけられる。…… □

❻落胆しても立ち直りが早い。必要なときには他人の助けを借りることができる。…… □

❼自分であることが心地よい。いつも自分を受け入れることができる。…… □

❽好奇心が旺盛で、新しいやり方を試すのも好きだ。……□

❾自分と他人の経験から学ぶことができる。……□

❿問題解決にたけている。……□

⓫物事をうまく回すことができる。よくリーダーになるように頼まれる。……□

⓬物事を柔軟に考えることができる。自分の中の多様性を受け入れることができる。……□

⓭背伸びして人とつきあうことはない。私は私だ。……□

⓮人からこうしろ、と言われないほうがうまく動くことができる。……□

⑮人の心理を読むのがうまいほうだ。…… □

⑯人の話をよく聞き、相手が言わんとしていることをうまくつかめる。…… □

⑰人にあまり先入観を持たない。いろいろなタイプとつきあうことができる。…… □

⑱粘り強いほうだ。つらいときでもよく耐えられる。…… □

⑲つらい経験に出会うたびに強くなっている気がする。…… □

⑳不運を好運に変えてしまう力がある。…… □

合計得点…… □

＊50点未満の人

おそらくあなたにとって、人生は厳しいものであるかもしれない。どちらかというとあなたは、プレッシャーに対応するのが下手だろう。また、人のちょっとした言葉に傷ついてしまうだろうし、自分の無力感にさいなまれることもあるかもしれない。

そんな人はまず、自分の周りにいる心に弾力性のある人を探すことから始めてみよう。彼らから、心を柔軟に、そして弾力性をもって困難を乗り越える方法を学ぶのだ。

まずは、自分は「心に弾力性のある人になろう」と決めることだ。

＊50～69点の人

あなたにも十分力はあるはずだ。自分を過小評価しすぎていないか考えてみよう。多くの人は自分を過大評価するよりは、過小評価するきらいがある。たとえば、無難に全部の質問に3点をつけている、なんてことはないだろうか？

このレベルの人は、もう一度そんな視点で質問全体を見直してみてほしい。

また、もしできるならば、親しい人何人かにあなたのことを採点してもらったらよい。もしかしたら、あなたの自己評価と違う点がいくつも出てくるかもしれない。

彼らがあなたの自己採点よりあなたを高く採点するのであれば、あなたは自分を過小評価することが癖になっているのかもしれない。

＊70〜89点の人

あなたにとって、この本はとても役立つと思う。この本を読めば、前よりも自信を持って困難や逆境に立ち向かうことができるようになるだろう。

＊90点以上の人

あなたはすでに人生の荒波を乗りこなすコツを知っている。この本はそんなあなたの強みを再認識させてくれることだろう。そして、さらにあなたの強みを伸ばしていくきっかけになることだろう。

あなたに考えてもらいたいことは、逆境を前にして立ちすくんでいる人たちの助けになれないか、ということだ。彼らは実際にそれを乗り越えてきたあなたから、多くを学ぶことができるだろう。

ここでまた別の5つの質問に答えてみてほしい。

(1) あなたはユーモアがありすぎて、不謹慎だと怒られたことはありますか？
(2) あなたは質問をしすぎて他人から煙たがられたことはありますか？
(3) あなたは「何をしでかすかわからない」、と他人を困惑させたことはありますか？
(4) あなたは「こんな問題もある」と指摘して、悲観的だと他人から言われたことはありますか？
(5) あなたは、常に問題を別の立場から見ることができるために、他人を混乱させていませんか？

これらに当てはまる人は、自分にボーナスポイントをあげてほしい。それから、テストの❼「自分であることが心地よい」という質問が高得点だった人もだ。

特にこれらの資質は、心の弾力性を高めるために重要だからだ。

この本に書いたやり方にそっていけば、あなたは望むだけ心の弾力性を身につけることができる。

だが、最初に心の弾力性を身につけるためのエネルギーは、あなたの健康とライフスタイルを健全なものにすることから始まる。

次の「ステップ1」では、多くのプレッシャーに対処しながらも健全なライフスタイルを身につける方法について学んでいく。

まずは、変化の時にあっても自分の人生をしっかりとコントロールする方法と、ストレスという概念について解説していこう。

The Resiliency Advantage

STEP1

ステップ1

ストレスを味方にする

1

ストレスも自分しだいで軽くできる

ストレスの研究で有名なハンス・セリエ教授が、晩年、自分の研究についての誤りを謝罪したことがある。セリエは自伝に、ストレス（stress）という言葉は誤りで、ストレイン（strain）と呼ぶべきだったとしているのだ。

仕事がストレスになる、という言い方を私たちは普通にする。雑誌や本がストレスの弊害を並べたてて、われわれは常にストレスという敵の攻撃にさらされているのだと警鐘を鳴らしている。

だが、正確な語義からすると、ストレスとは外部から私たちの体や心にかけられる圧力のことだ。そしてストレインが、その圧力に対する私たちの反応ということになる。**問題なのは、圧力の客観的な大きさではなくて、それにいかに耐えることができるかという私**

たちの許容力のほうなのだ。

しかし、圧力（ストレス）のほうを問題にすると、いつもその矛先は自分以外の者に向けられてしまう。職場の環境が悪いから気持ちがすぐれない、というように。

その環境をどうとらえるかというのはあなたの個人的な問題でしかない。そうとらえ直すことで、あなたの弾力性は高まっていく。

プレッシャーのかかる職場にいても、そのプレッシャーに対応していくか、あるいは被害者モードに入るか、どちらもあなたが選択できるのだ。

自分の周りに何が起こっているかをしっかりと観察し、その上で最も適切な反応をする。これが人間と動物の違いだ。心がけ次第で、脅威を意味のある挑戦へととらえ直すことが可能なのだ。

わかりやすいように、物理的な力を例にとろう。人によって持ち上げられる重さは違う。ある人は100キロを軽々と持ち上げるかもしれないが、年配の人には10キロだってつらいかもしれない。心と精神も結局それと同じなのだ。

知り合いのロス市警の警部補がこんな話をしてくれたことがある。

「退屈な仕事なんですよ。14年もやってりゃね。毎晩、コンビニ強盗だ、押し込み強盗だ、自殺騒ぎだ、ギャングの発砲だ、ですからね。つまらなくって。早くリタイアして好きな釣り三昧で暮らしたいですよ」

こんな生活を「退屈だ」と感じてしまう人もいるのだ。私なら一日だって耐えきれないだろう。

Point

ストレスが問題なのではない。
それに対する自分の許容力を高めればいいのだ。

2 自分の感情をリストにしてみる

これから話していくのは、心と体の関連についての新しい学説をもとに、どうしたら快適なライフスタイルを保つことができるかということだ。

まず、次のような3つのリストを作ってみよう。

リスト1　何が大変なんだろう?

自分をいらだたせるもの、悩ませるものを6つか7つリストアップしてみよう。

・どんなプレッシャーを感じているのだろう?
・具体的には何が難しいのだろう?
・自分を苦しめているのは何なのだろう?

ちょっと時間をかけ、しっかりと考えよう。

多くの人が、ストレスはまぼろしで、問題なのはその人がそれをどう受け止めるかだということを理解するにしたがって、気持ちも楽になっていく。

人生で出くわす出来事にどう対処するかの責任は誰にあるか？

それを突き詰めることによって、人は、他の物事や人に責任を転嫁するのをやめ、自分自身の問題として考え始めるようになる。

リスト2　私はこう感じている

次のステップは、リスト1で挙げた問題についてどう感じるかを書きだすことだ。人に話してもいい。困ったときに、他人に自分の感情をうまく伝えられるというのは、心の弾力性を高めるためにとても大事なことだ。

話せばその苦い思いがなくなる、というわけではない。でも、その思いを否定していては次のステップに進めないのだ。弾力性のある人は自分の苦い思いをまず受け入れ、その上でポジティブで建設的な気持ちを取り戻そうとする。

もしあなたが、いつもポジティブであれと教えられていたら、リスト2の作業は大変かもしれない。

これは、たとえば自分の感情を吐き出すのを弱さと見るマッチョな職業についている人たち、建築業や警察官、それから消防士などによく見られることだ。

しかし、この感情の吐き出しは、自分の人生の土台をしっかりと築き上げるためのメンテナンスのようなものだ。

心理学者のペネベイカーは、リストラされ、その後1年以上にわたり再就職に失敗していた人を対象に、こんな実験をしたことがある。

彼らに自分の感情を紙にぶつけてもらうことを毎日20分間、2週間続けてもらった。8カ月のちの追跡調査で、感情を吐き出した人たちのうち3分の2は新たな職を見つけることができた。

しかし、それをしなかった人たちでは、職にありつけた人は3分の1にも満たなかった。ペネベイカーによると、思いのたけを書いた人全員が「もっと早くからやればよかった」と言っていたという。それをやる前は、自分の感情をうまくコントロールできず、面接でも失敗していたというのだ。
他の研究でも、自分の感情を書いている人が、困難な状況でもうまく対処できるという結果を得ている。
自分の感情をもてあますことなく認識し、表現できるようになることで、いざというときに度を失うことが少なくなる。まずこれを理解しておこう。

リスト3　自分を元気にしてくれること

最後に、今度は自分を元気にしてくれることもリストアップしておこう。どんなことをしているときに一番自分らしく、気持ちがいいだろうか？

Point

まず、自分の感情についての3つのリストを作ってみる。

3 問題に向き合えば乗り越えることができる

さて、あなたの手元には自分にとってマイナスなことのリストが二つとプラスになることのリストが一つある。ここで、あなたに質問しよう。

あなたは、マイナスを減らし、同時にプラスを増やすように、実際に行動しますか？それとも行動しませんか？

なぜこんな質問を私はしたのか？　１９６０年代に心理学者たちが、人生の逆境によく耐えプレッシャーにも強い人はどんな人なのかを研究した。

心理学者の一人ラザラスは、そんな人たちは内向きに、つまり自分の感情にフォーカスをあてるのではなく、外向きに、つまり問題そのものにフォーカスすることを突き止めた。

また、前出のロッターは、自発的に問題に向き合って行動を起こす人は、受け身で自分は無力だと感じてしまう人よりも逆境に強いことを発見した。

続く1970年代に入ると、自分コントロール型の人が、実際にストレスからくる病気に対して抵抗力があることがわかってきた。

サルバトーレ・マディは、凄まじいリストラの最中にあった会社の社員450人を対象に12年にわたり研究をした。

その450人のうち、実に3分の2はストレス関連の病気の兆候が見られた。具体的には心臓発作、うつ病、アルコール依存などである。中には自殺した人もあった。彼らは混乱し、不安にさいなまれ、重圧感を感じ、また無力感にも苦しめられていた。

しかし、興味深いのは、残りの3分の1の人たちにはそういった兆候は見られなかったことだ。それどころか、彼らは以前と同じように健康で幸せな生活を維持していたのだ。

マディはこの3分の1のグループの人たちを「ハーディな（強靭な）」人たちと呼んだ。

ハーディな彼らは、ストレス耐性が高かっただけではない。どう見ても不快な、不愉快な職場環境の中でも、何事もないかのようにうまく適応し働いていけるのだ。

マディによると、ハーディな人の3つの特徴はこうだ。

①自分の置かれた立場での最善を尽くすというコミットメントがあり、他人も助けようという気持ちが強い。
②自分には、いい結果を導くための力があると信じている。このことが彼らに物事や他人に対するコントロール感覚を与えている。
③難しい問題を進んで解いていこうというチャレンジ精神がある。

Point

問題に向き合える人は逆境に強い。

4

マイナスは少しずつ減らしていけばいい

もう一度マイナスなことを書いたリストを見てほしい。その中から一つのことを選び、自分のできることとのアクションプランを作ってみよう。

どうやったらその厄介事を、少しでもいい方向にもっていくことができるだろう。

たとえば、

・「こんなことはどうでもいい」とは思えないだろうか。
・どんな小さなことでもいい、何かしらそれに対してできないか。
・それから逃げる方法はないか。見なくてすむ方法は?

やみくもに行動を起こすのではなくて、焦らずに観察できるかどうかが、ここでは大切だ。常に多くの選択肢を持って、その中からその場で最も有効と思えることをしていこう。

このやり方でマイナスの項目が一つ解消されたら、また他の項目を選んで試してみよう。
焦って全部をいっぺんに解決しようとしなくてもいい。焦らずに、悠々と急げ。

Point

問題は一つずつ解決しよう。焦る必要はない。

5

他人を変えようとしない

「他人が変わってくれれば物事はよくなるだろう」、という考え方では、いつまでたっても人生は自分にはどうにもならないという思いから脱することはできない。

実際、あまりにも多くの人がこんなことを言うので、私は皮肉をこめて「人類共通の心のBGMは恨み節だ」と言っている。

「あいつさえ変わってくれれば、物事はうまくいくだろう」。こんな恨み節の大合唱はやむことはない。

確かにそれは正しいかもしれない。もちろん、やっかいな人が言動を変えてくれれば、あなたにとって物事が都合よくいくことはあるだろう。しかし、そうなる可能性なんてどれほどのものだろうか？

恐らくほとんどの場合、ゼロだろう。

ここで私が言いたいのは、その恨み節に共感はするが、そこで止まっていては、そのやっかいな人たちにあなたの人生を委ねることになりはしないか、ということだ。

ではどうするか？

まず、問題を自分のこととして見ることから始めよう。自分には手に負えない、と感じてしまっても、大丈夫だ。まず、自分の問題として向き合おうとすることから改善の道は開けていく。

人や状況を責めても始まらない、というのはおざなりの言葉ではなくて、あなたが人生の手綱を握るために必要だからだ。問題は他人の言動でなく、あなたがそれをどうとるか、なのだから。

Point

他人を責めるのではなく、自分の問題として向き合う。

6 自分のプラスを増やそう

マイナスを減らすだけでは十分ではない。あなたは自分のプラスを増やすということも考えなくてはいけない。実はそのほうが、より重要なのだ。**楽しい、心弾むようなことが免疫力を高め、たとえ逆境に出会っても、あなたに活力を与えてくれる。**あなたにはわれを忘れて没頭できるような何かがあるだろうか？

動的と静的なものに分けて両方を楽しむアクションプランはどうだろう？

・動的なアクションプラン……ジョギング、自転車、ハイキング、さまざまなスポーツ、ガーデニング、など。
・静的なアクションプラン……音楽を聴く、瞑想、温泉、サウナ、など。

ウィリアム・グラッサーがさまざまな困難によく耐えた人々を対象に調査をした結果によると、多くの人は何かしら熱中するものを持っていたことがわかっている。

右に挙げたものだけではない。友人たちとのおしゃべり、家族とのふれあい、あるいは、愛する人とのひとときもあなたに元気を与えてくれる。ある研究によると、多くの友人や家族に囲まれている人は、そうでない人よりも健康に恵まれるのだ。

Point

楽しめるものを持っている人は健康と活力を手に入れる。

7

健康な人の10の特徴

自ら自分の健康を損ない、寿命を短くしているかのような生き方をしている人もいる。では、どんな人が病気になりにくい傾向があるのだろうか。次に挙げるのは、どんな人が病気を発症しにくいかをまとめたものだ。

①ルーティンワークもあまり苦にならない。
②人生をコントロールしているという感覚があり、必要なときに必要な対応ができる。
③多くの選択肢の中から適切な行動を起こす。
④人間関係がうまくいっている。
⑤感情を抑制することなく、それを認め、表すことができる。
⑥問題なのは他人の言動ではなく、それに対する自分の反応だと思っている。

⑦変化に進んで対応する。
⑧よい習慣を持つ。
⑨悪いことが起こってもそこから教訓を学びとれる。
⑩ポジティブであり、すべてを楽しもうという気持ちがある。

どうだろうか？　あまり当てはまらなかった？
少なくとも自分にはどこが足りないかはわかったはずだ。そこを高めていけばいい。

Point

考え方やあり方が健康の度合いを左右する。

8 プレッシャーを楽しんでしまう

心に弾力性のある人のライフスタイルでは、プレッシャーやストレイン（ストレス）は避けるべきものではない、ということをわかっていただけただろうか。

前述のセリエ博士の研究では、**ある程度のストレインは健全なライフスタイルのために必要だとされている。**セリエはこの有益なストレインのことを「ユーストレス」（善玉ストレス）と呼んだ。

身体に例をとって考えるとわかりやすい。プレッシャーがまったくなければ、私たちの筋力は落ちていき、動くことさえできなくなってしまう。寝たきりの人を見ればわかるだろう。

ここでは、緊張と弛緩、このバランスが大事であることをわかってもらいたい。

あるていどのプレッシャーと、ゆったりした時間、これをバランスよく持つことがあなたのライフスタイルのレベルをさらに上げてくれることだろう。

Point

ある程度のプレッシャーは私たちの人生にとって必要なものだ。

9 プレッシャーにつぶされないための8つの方法

人生全般においても、仕事においても、プレッシャーに押しつぶされないように、次のことを試してみよう。

①**気分と体調に気をつけよう。**楽で、簡単で、あなたらしい方法でライフスタイルを向上させ、それを維持するようにしよう。

②起きたことに対して、どう反応するかは自分にかかっている。**心のハンドルをしっかりと握ろう。**

③ストレスについてのデマにまどわされないように。ストレスは抽象的な物事の見方にすぎない。**自分が物事をどうとらえ、どう感じるかが大事だということを忘れてはいけない。**

④どんなことがあなたの感情の高ぶりの引き金になるのだろう? **それに対してリラック**

スして、楽しんでしまう自分を想像しよう。

⑤**心の中で、自分がとりたいと思う反応と対応をリハーサルしてみよう。**どう感じるだろうか？

⑥この次に困難な状況に陥ったときには、どんなポジティブな対応が自分にはできるか、それを楽しみにして待つこと。

⑦今までにもそんなプレッシャーを楽しんだ自分はいなかっただろうか？　それを思い出してみよう。

⑧一日の終わりに自分は物事にどう対処できたか振り返ってみよう。**よくできていたら、自分をほめてあげよう。**

Point

自分の心の持ち方次第でプレッシャーを楽しむことができる。

The Resiliency Advantage

STEP2

ステップ2

問題解決のスキルを学ぶ

1

自分の感情ではなく、問題そのものに意識を向ける

私の祖父はいつもにこやかな人だった。大恐慌と二度の世界大戦を生き抜き、二人の妻に先立たれ、家族を支えるために働き通しだったが、そんな大変さは微塵も見せなかった。いつも上機嫌な人だった。

私は幼いころに祖父と一緒に住み始め、祖父が長い人生でつちかった知恵に触れることができるようになった。

祖父は、自分がどんなふうに大変な困難を切り抜けてきたのかを、よく話してくれた。そして、実際に難しいことに出くわすと、「いろんなことがあるのが人生だからな」と言い、そしてこう続けるのだ。

「何とかしなけりゃなんめぇな」

これから私が話していくのは、問題解決の方法についてだ。困難な問題に際して、その問題自体に心を向ける人は、すぐに感情的になってしまう人よりもしぶとく持ちこたえることができる、という研究がある。

問題が起こったときには、自分の感情ではなく、すぐに問題そのものに意識をフォーカスすることが大事なのだ。

モトローラ社の社員を対象にしたスタインハート氏の調査でも、同様の結果が出た。めまぐるしく変わる状況の中でも、よい人間関係を保ち健康的だった人は、問題そのものに素早く集中できる人だった。それに比べ、感情的になって、その感情をもてあましてしまうような人は、ストレス耐性も弱く、病気になりがちなことがわかった。

ここであなたは混乱したかもしれない。

前に私は自分の感情を抑制することなくうまく表現できるのは大事なことだと述べているからだ。そのことと矛盾するように聞こえるだろう。

だが問題なのは、感情にフォーカスすべきタイミングとバランスだ。感情をもてあまして、問題に手がつかなくなることはまずい、と言っているのだ。

最も心の弾力性に富んだ人であれば、そうではなくて、まず自分の気分の高ぶりをコントロールし、問題にしっかりとフォーカスし、それから感情に向き合う。

人間の対応能力を調べたスナイダー氏は、感情と問題の二つにバランスよくフォーカスすることで、よりうまく問題解決ができるようになる、と述べている。

問題に効率的に対処するには、第一に状況を把握することから始める。周りで何が起こっているかをできるだけ正確に観察し、自分は何が得たいかをはっきりさせる。

そのゴールへたどり着くための選択肢を複数持って、その中から最適な行動をとる。さらに、試行錯誤を通して自分の行動を少しずつ環境に合わせて修正していき、最終のゴールにたどり着く。

Point

問題が起こったときには、自分の感情ではなく問題そのものに意識を向ける。

2

楽しむことが問題解決につながる

ストレイン（ストレス）に負けない心と問題解決は、実は深い関係にある。心理学者のフレデリクソン氏が研究したところによると、ポジティブな感情は、人の認知能力を高めてくれるというのだ。

簡単に言うと、気持ちが乗っているときには、あなたは周りがよく見えているのだ。多くのことに気がついて、また多くのことを覚えていられる。

楽しみ、遊び心、満足、慈しみ、愛情、笑い。これらが問題解決に必要な能力を高めてくれるポジティブな感情だ。

反対に、不安、怒り、恐れ、無力感はネガティブな感情だ。それらはあなたの視野を狭くさせ、とるべき選択肢を少なくしてしまう。

また、これらポジティブな感情を持つ人が、困難な状況でより粘り強く持ちこたえることもわかっている。ネガティブな感情を持つ人は、そんな状況で長く耐えることはできない。

意識してポジティブな感情を多く味わうことにしよう。よく笑い、楽しい時を過ごそう。日々の生活をよりよく味わうことで、問題解決の能力を高めていこう。

Point

ポジティブな感情を多く味わえば、問題解決能力を高めることができる。

3

問題解決の方法①
論理的に問題解決する

どんな種類の問題であれ、大切なのは疑問を持つこと。特に論理的に問題を解決する場合には次の手順が大事だ。

1　正確に状況を読む。

心の中でこんな問いをすればよい。

「何が問題なのか？　事実は何なのか？　深刻度はどれほど？　緊急度は？　時間の猶予はあるか？　他に知るべきことは？　誰が行動するべきなのか？」

このようにして、客観的な状況を把握する。

2　自分がすべきことは何かを考える。

状況と自分をここで結びつける。

「自分は何を得たいのだろうか？　自分の行動のゴールは何か？」と考えてみる。

3　どうしたら2にたどり着けるかを考える。

一つだけでなく複数の選択肢を用意する。そしてそこにリスクや落とし穴はないのかを考える。もし時間があるなら何人かで話し合うのもいい。

4　行動を起こす。

慣れないことをするのに不安があるのは当たり前だ。もしあなたがどうすればいいのかを前もってわかっているのなら、それは問題とは思わないだろう。

5　自分の行動の成果を見てみる。

フィードバックを得られるような質問を周囲の人にするのもいい。時間がかかりそうな問題なら、解決の兆しがあるかどうかを見て、このまま進んでいいかどうかを判断する。

6　5で得られたフィードバックをもとに軌道修正をする。

7　もう一度行動によって得られた成果を見てみる。

満足のいくものだろうか？　この問題は解決されただろうか？

8　今回の問題から学ぶべきことを考える。

問題になるまで見過ごした兆しはなかっただろうか？

教訓は何だろう？　今後、同じような問題が起こらないようにするには、どんな手を打ったらいいのか？

Point

手順を一つずつ踏んでいけば、論理的に問題解決できる。

4

問題解決の方法②
クリエイティブに問題解決する

クリエイティブな問題解決とは、一見あり得ないようなやり方で解決に導くことだ。あなたは自分のことをクリエイティブだと思っているだろうか？

もし「違う」と思うなら、もう一度考えたほうがいい。**なぜなら、あなたの脳は偉大な発明家や画家、詩人、作曲家と能力に違いはないからだ。**

違いがあるとすれば、あなたはそのクリエイティブな能力を彼らほどしょっちゅう使わなかった、ということだけだ。

何ともったいないことだろう。これからはもっとその能力に磨きをかけていくことにしよう。

変化のめまぐるしい今日の世界では、常に新しい考え方、そして新しい行動が求められている。

あなたの新しい考えや新しい行動があなたに道を開いてくれるなら、あなたの心には弾力性がある。あなたが周りの変化についていけないのであれば、あなたの心には弾力性が足りない。それだけのことだ。

「アハ体験」という言葉がある。「そうだ！」とひらめく瞬間のことだ。あなたも、ひらめきを必要なときに得ることができるのだ。

あなたの意識の上にあるのは、脳が取り入れている膨大な情報のほんの一部分にしか過ぎない。それは海面から顔を出している氷山は、その巨大な姿のほんの一部分だということに似ている。

とすれば、その巨大な潜在意識に自由にアクセスできる人は、そうでない人よりも成功しやすく、また行動や考えの幅も広いと言える。

クリエイティブな問題解決は、いかにしてあなたの心の宇宙の膨大な情報から「アハ」を引き出すか、ということなのだ。

そしてクリエイティブであろうとするなら、自分を追いつめてはいけない。

誰でも、問題から気持ちが離れたときに解決の道が開けた経験があるはずだ。

リチャード・ワイズマンという心理学の教授が「ついている」人と「ついていない」人について調べたことがある。そしてわかったのは、ついている人はいつもラッキーなことが起こるように行動しているということだ。

問題を解決したいと思うとき、ついている人は、いったん問題について考えるのをやめ、リラックスし、気持ちを整理した上で、解決の道を探っていた。

クリエイティブな問題解決は、「今まで考えもしなかったようなユニークな解決法があるはずだ」と思うことから始まる。このことを忘れてはいけない。

Point

問題について考えるのをやめると、思わぬ糸口が見つかる。

5

問題解決の方法③
現実的に問題解決する

学校の勉強ができなくても、成功をつかんだ人は多い。
彼らは、現実的な知恵にたけていたからだ。
高いＩＱが、現実的な問題解決を可能にするわけではない。

抜群にＩＱが高いことを会員資格とする国際的なクラブＭＥＮＳＡのメンバーの一人が、ある日、昼食をとるために車を止めた。食事を終えて、さあ出発、と見ると、タイヤとホイールが１本ずつ盗まれているのに気がついた。

パニックになった彼は、通りかかった農夫に事情を説明し助けを求めた。すると農夫は、「スペアタイヤを持っているか?」と聞いた。

「持っているが、タイヤをはめるナットも盗られているから意味がない」と答えると、農夫は「問題ないよ」と言って、レンチを使って、無事だった他の3本のタイヤのホイールからそれぞれ1本ずつナットを取りはずした。

取りはずした3本のナットでスペアタイヤを固定すると、農夫は「これで少しは走れるさ。ゆっくり運転することだな」と言ったという。

こんなふうに、現実的な知恵にたけている人がいるものだ。何か問題があったとき、あっという間に解決してくれる人というのは、案外、大学なんて出ていないものだ。

このように賢い問題解決ができるようになるためには、

1　「問題を解決する」という意志を持つ。

2　「自分の力で解決する」という心構えを持つ。

3　今までの思考パターンを飛び出す。

4　感情的にならない。

という4つのことが大切だ。

この4か条は、人生で起こってくるあらゆる問題に役立つはずだ。

大きな逆境を生き抜いた人生のサバイバーたちについての研究を見ると、まず彼らは、どんなに大変なことであれ、起こったことを受け入れることから始めている。**サバイバーは、起こってしまったことを恨んだり、怒ったりはしないのだ。**

Point

いつもの思考パターンから抜け出してみる。

6

自分はどう乗り越えたいかと考える

この章では、問題解決の方法を3つに分けて見てきた。

この分け方に縛られる必要はないが、意識して問題解決を図るといい。

クリエイティブな問題解決は、今まで経験したこともないような問題に突き当たったときに力を発揮するだろう。

以前に経験したことのある問題に対しては、論理的な問題解決が効果的な場合もあるかもしれない。

そして日々起こってくるさまざまな問題に対しては、現実的な知恵が必要とされるだろう。

ポイントは、どんなに大変な問題であれ、自分はこれをどう乗り越えていきたいかを考えることだ。今までのやり方が通用しなければ、新しいやり方でやってみるといい。手に負えない他人や状況を変える、というのは現実的ではない。あなたがコントロールできるあなたの行動を変えていくことが大切なのだ。

Point

問題解決の方法は一つではない。大切なのは、他人や状況を変えるのではなく、自分の行動を変えていくことだ。

The Resiliency Advantage

STEP3

ステップ3

柔軟な考え方を身につける

1 好奇心を持つ

好奇心は、心の弾力性を高めるためには必須の要素だ。理由は簡単、あなたが状況にうまく適応しようとするならば、まず最初に状況をしっかりと把握することが必要になるからだ。

そして**好奇心は、心が開いていなくては発揮されない。**心が開く、ということはあなたの周りを先入観や色眼鏡なしに見るということだ。

新しい状況に最もうまく溶け込める人とはどんな人だろう？

それは最も正確に、起こったことをとらえている人だ。そして、その反対に世界を自分勝手にねじ曲げてとらえている人は、たいていうまくいかないし、生き残ることも難しい。心を閉じている人は、自分に都合の悪いことは聞こうとも見ようともしないものだ。

新聞や雑誌は、従業員や顧客の声に背を向け続けて会社を傾けてしまったダメ経営者の話にあふれている。

1947年にさかのぼる。ベル研究所の研究者が、当時まで使われていた巨大な真空管ラジオにかわる小さな機械を発明した。

その機械、トランジスタは、現在では20世紀を代表する発明の一つと言われているが、当時のアメリカの電機メーカーは、どこもその将来性を認識できなかった。

ところが、日本には、そこに大きな可能性を見出した会社があった。そして作られたのが、ソニー・トランジスタ・ラジオだ。やがてアメリカの電機メーカーはラジオの国内シェアの多くを日本企業に明け渡すことになる。

企業トップの新発明に対する閉じた姿勢が、こんな事態を招いてしまったのだ。

あなたは人と話していて、「ああ、この人の現状認識はずいぶんずれているな」と感じることはないだろうか？　彼らは最初から先入観を持って自分の周りのことをとらえていて、その考えと一致しないものは排除してしまっている。

あなたはどうだろう？　あなたは厳しい事実から目をそらすことはないだろうか？　あ

るものから目をそむけ続けて、気がついたときには大変なことになっていた経験はないだろうか？

離婚届を妻から突きつけられた夫が「寝耳に水の話だ」と呆然とする、なんてことを聞く。子どもの非行に親が気づくのは周りの人よりもずいぶん遅かったりもする。

閉じられた心の最悪のケースとして、こんなことがあった。私の住んでいるオレゴン州の州立病院が閉鎖されたとき、そこで働いていた職員の一人はその冷厳な事実をどうしても受け入れることができなかった。そしてある日、出勤すると、鎖でぐるぐる巻きにされた正面ドアを見て呆然と立ち尽くしていたという。

あなたの心の目が開いていれば、予期しなかったような状況でも適切な「対応」ができるようになるだろう。**変わりつつあるものに自主的に心を開いて見つめる、というのは心に弾力性のある人の特質の一つだ。**

好奇心を持つことは本当に大切なことだ。散歩中でも、非常時にあっても、どんなときでも、あなたは心の目を閉じてはいけない。

好奇心を持つという習慣は、あなたを取り巻く新しい現実を読むことを可能にしてくれる。たとえば、周りの人がどう考え、どう感じ、どうしたいのかをあなたは瞬時にスキャンできるようになる。速読をする人が本のページを瞬時にとらえるように、あなたの目も新たな状況を読めるようになる。

好奇心に関わるどんな習慣をあなたは持っているだろうか？

たとえば、言葉に対しての好奇心は強いだろうか？

私の妹は、いつも車の中に使い古された辞書を置いている。車の中にまで辞書を置いている人は多くはないだろう。

Point

心を開いて好奇心を持てば、状況を正確に把握できるようになる。

2

経験から学び続ける

常に決まりきった対応しかできない人は、経験から学ぶということも下手なようだ。マニュアル的な対応をしがちな彼らは、思いもしなかったような状況では機能不全に陥ってしまう。

私は数多くのワークショップを開いてきて、なぜ子どものころにいつもよい子を演じていた人の人生がうまくいかないことが多いのかについて気づいた。

彼らは、たとえどんなにそれが場違いなものであっても、決まりきった反応しかできないのだ。状況がそれではどうしようもできなくなってくると、彼らは機能不全になってしまう。

45歳になっても5歳並みの反応しかできないようでは、環境に適応できずに絶滅していった多くの動物と同じようになる。これは言いすぎだろうか。

では、心に弾力性のある人は変化に対してどんな対応ができるだろうか。

そういう人は、性格は与えられるもの、作り上げられるものではなくて「発見していく」ものであることを知っている。

彼らは決して自分の周りの世界への興味を失わないし、経験から学ぶことをやめない。彼らは自分の行動がどんな結果を引き起こしたかを経験則として取り入れているから、状況への適応力をどんどんつけていく。

仕事場でも、そんな人は建設的なアドバイスを喜んで受け入れるし、他人の苦言にも進んで耳を傾けられる。

ただ、あなたが現在そんな人ではなくても心配はいらない。いくらでもやり直しができるからだ。

コンピュータに新しいプログラムを入れて再起動させることができるように、人間であれば誰もが、生まれついて持っている学びの本能を取り戻せるのだ。

そう、**人間は何歳になっても、どんな状況でも、対応し、適応し、そして成功すること**

を学び続けることができる。

有名な心理学者のマズローは「少なくとも60歳になるまでは、真の意味での自己実現はできない」とまで言った。

学校では、授業で学んで、その後にテストを受ける。だが人生という名の学校では、順序が逆だ。まずテストを受けさせられ、その後であなたの学びが始まる。

学びにはさまざまな形がある。本から学んだり、ロールモデルから学んだりできる。また、もちろん自分の経験から学ぶことも多い。そのどれかではなく、すべてから学び続けることだ。

経験から学べるということは、被害者意識を持つこととは対極の意識だ。**人生に痛めつけられたとあなたが感じたとき、あなたがとるべき道は二つしかない。そこから貴重な教訓を学ぶか、あるいは、傷ついてうずくまる被害者になるか。**

人生という学校は、そこから学ぼうとする人間にとっては素晴らしいレッスンの宝庫だ。ベストセラー作家のスコット・ペックはこう言っている。

「賢明な人は、困難を恐れるのでなく、それを歓迎する」と。

Point

性格は固定したものではない。自分のどんな経験からも学び、新しい自分になっていくことができる。

3

失敗からも学ぶ

一見「失敗」と思えるような経験も、成長のきっかけとなることがある。ここには、その人の持つセルフ・イメージが高いか低いかが大きく関わってくる。

セルフ・イメージが低い人は、往々にして失敗を自分の人格と人生全般に押された烙印ととらえてしまいがちだ。しかし一方、**セルフ・イメージが健全で高い人であれば、今現在の自分の力はどこがどれだけ足りないかのフィードバックとして失敗をとらえる。**これからどこを伸ばしていけばいいのかの貴重な示唆になるわけだ。

あなたの中でのこの反応は、子どもを叱る親のそれに似ている。「おまえ、何やっているんだ！　ダメなやつだね、まったく。またやったら許さないからね」と叱る親がある。また一方で、こんなふうに叱る親もいる。

「こんなことをするなんておまえらしくないね。おまえはもっとできる子のはずだよ」

わかるだろうか？　失敗を、あなたがいかにだめな人間であるかの証として見るか、できるはずのあなたがここではたまたまうまくいかなかったととらえるかの違いだ。

心の弾力性を伸ばす大きなブレイクスルー（突破口）は、すべてを学びの機会ととらえられるか否かにかかっているといってもいい。アメリカの有名なコンサルタントであるマンツ氏は、「ひとかどの人間になるには失敗することが不可欠だ」と言っている。

著書『くじけない力を養う27の法則―失敗があるから成功もある』（主婦の友社）の中で、彼はこう書いている。

「あなたが人生で意味のある成功を勝ち取ろうとするなら、あなたは失敗することを決して恐れてはならない。失敗することなしに成功はあり得ないのだ」

経験から学ぶことにたけている人たちは、往々にして成功からよりも失敗から多くを学んでいる。

キャリア・コンサルタントのキャロル・ハイヤットとリンダ・ゴットリープも、その著書の中で「私たちは驚くべき発見をした。それは私たちが話を聞いたほとんどすべての成功者が、過去に大失敗を経験していることだ」と書いた。
彼らは、成功者とは経験から学ぶ人たちであったとした上で、「失敗がその人の人生を決めるわけではない。いかにその失敗と向き合ったのかが人生を決めるのだ」と結論づけた。

Point

失敗を、自分の力はどこがどれだけ足りないかを示すフィードバックとしてとらえれば、自分を成長させる機会にできる。

4

人生を学びの場と考える

どうしたら心の弾力性を高めることができるのだろう。

私が学んだことによると、心に弾力性のある人は、決して大人になることのない、子どものような人だ。

好奇心に満ちていて、遊び心にあふれている。そんな精神の持ち主こそが、暗闇の中でも道を見出すことができるのだ。

困難に出会ったとき、そのような人たちはこんなふうに考える。

・この状況で笑えることって何だろう？
・ここから私が学べることって何だろう？
・違う立場から見たらどうだろう？

・これを裏返しにしてみたらどうだろう？

そのように状況と戯れることができれば、あなたはそれに押しつぶされてしまうことはない。

状況を笑えるなら、あなたはそこから多くを学び始めている。そこから得られるひらめきが大変な発見につながることも多い。

人生を学びの場ととらえるということは、いくつになっても成長を続けられるということだ。経験から学んだことは、実践的な知恵となって、物事の間の関係性をあなたに教えてくれる。

それはたとえば、これをやったらああなる、というような関係のことだ。

「逆境の中でも笑いを忘れさえしなければ、それを乗り越えていく力は必ず出てくる」などというのもその一つだ。

変化についていきたい？　だったら学び続ける覚悟を持つことだ。

心理学の教科書では、学習とは、経験することによって起こる行動の変化と定義される。

つまり、学ぶことと変わることは切っても切れない関係にある。変化に対応するには、学び続けるしかないのだ。

Point

人生のどんな状況からも学ぶと決める。

5

自分のものさしで決めた目標を持つ

成功する人には何か秘密があるのだろうか？

この興味深いトピックに挑んだのが、ハーバード大学のデビット・マクルーランド教授だ。マクルーランドが最初考えたのは、高いＩＱと成功との相関関係だった。しかし、優秀な成績で大学を出た人がパッとしないことも多く、一方、学歴の低い人が大きな成功をおさめる例も多い。高ＩＱの人しか入れないＭＥＮＳＡのメンバーが、すべて大きな成功をおさめているという話も聞かない。

マクルーランドは自分の持つ研究スキルのありったけをつぎ込んで、この問いの答えを探し続けた。そしてその結果、彼はかなりの確率でどの生徒が20年後に大きな成功をおさめるかを言い当てることができるようになったという。

まず、多くの成功者に認められたのが「自分なりの成功の指標を持っている」ということだ。それは世間の指標とは違う、その人固有のものだった。

自分のものさしで決めた目標を達成する満足感、それが成功なのだ。

とすれば、目標を持つことがまず大切になってくる。

目標を持っていない人には、当然、達成感もないからだ。

Point

世間の成功のものさしではなく、自分なりの成功のものさしで決めた目標を持つ。

6

目標を達成したときのことを想像する

マクルーランドの研究は、しかし、目標の重要性を発見したことにとどまらなかった。科学的な手法を駆使した調査の結果、彼は、人が未来をどう想像しているかが、成功に大きく関わっていることも発見した。

この未来の想像について、彼が多くの成功者に共通することとして挙げているのは次の4つになる。

①彼らは、自分の目標を達成したときに感じるであろう自分の感情を想像し、味わっていた。

②彼らは、高すぎる目標ではなく、がんばれば達成できる目標を持っていた。

③彼らは、楽観と悲観の両方をあわせ持っていた。目標の難易度について現実的・客観的

にとらえていた。自分の成長をしっかりと見つめ、必要であれば柔軟にプランを修正していた。

④彼らは経験豊かな人たちに多くのアドバイスをもらっていた。

新たなことに挑戦するとき、最も成功しやすい人とは、それを達成したときに自分はどう感じるか、ありありと想像できるのである。

だからこそ彼らは、想像するのが難しいほど高いゴールではなく、自分に実感できる、ほどよい難易度のゴールを選ぶのだ。人は成功の可能性が五分五分のときに、最も努力をするようになる。

さらにマクルーランドは、「できる人」は底抜けの楽天主義者ではない、と言っている。**うまくいく人というのは、まず、うまくいかないときのことをしっかりと考えているものなのだ。**

何が問題になるのか、どこが難しいところなのか、壁は何か、自分の力の限界はどこか、取りかかる前にそれらを客観的に見ている。

そして経験者や専門家にアドバイスを求め、問題が起こったときにも対処できるように準備をする。

あなたの上司がポジティブ・シンキング「だけ」をする人ならどうなるだろう？　そんな組織はいつかうまくいかなくなるはずだ。

たとえばセールスの仕事においても、うまくいかない可能性をまったく考えない人は、大きな挫折感を味わうことがわかっているのだ。

Point

目標を達成したときに自分はどう感じるか、ありありと想像してみる。逆に言えば、想像できないような目標は達成するのが難しい。

7

楽観的にも悲観的にも考えることができる

では、こんなふうに成功につながる現実的な考え方を、誰でも身につけることができるだろうか?

答えは、イエス。マクルーランドの研究では、被験者たちは2週間、毎日トレーニングをした結果、成功者の想像力を身につけることができた、という。そして2年後の追跡調査では、彼らは他の人たちと比べ、大きな成功をつかんでいた。

ここで大切なことは、うまくいく人たちというのは、楽観も悲観も、どちらの考えも任意にできるということだ。彼らはそのどちらかといった一面的な考え方をしない。

彼らは、そのどちらでも自由に、そしてときにはそれらを合わせて、考えることができる。

楽観的か悲観的か、考え方には、大きく3つのパターンがある。

①楽観的にも悲観的にも、状況に応じてどちらか、あるいは同時に考えられる。
②楽観的か悲観的か、そのどちらかではあるが、反対の考え方の人を排除せずに、協調できる。
③楽観的か悲観的か、そのどちらかで、自分と違う考えは受け入れない。

あなたの考え方は、どれだろう?

面白いのは、③の人が往々にして自分の最も嫌なタイプを相手にしなければならない状況が多くなる、ということだ。

科学者がよく言うように、自然は真空を嫌うのだ。それはここでも当てはまる。

私の友人の母は、ポジティブ・シンキングの権化といわれた牧師ノーマン・ピールの大ファンだった。ニューヨークの教会で昔、ピールの話を聞いてからというもの、朝から晩までポジティブ・シンキング一本やりだった。

そして面白いことに、私の友人は、母親がポジティブになればなるほど、反対にネガティブになっていったという。

ポジティブな人がネガティブな人といつも衝突しているのは、彼らがネガティブな人たちを、自分がいかに優れているかを測るものさしにしているからだ。
ネガティブな人との対比で自分の存在意義を感じている以上、いかに口でネガティブな人を変えたいと言っても、それがうまくいくはずがない。

Point

状況に応じて楽観的にも悲観的にもなれるのを目指そう。また、現在自分がどちらのタイプであっても、反対のタイプを変えようとしてはいけない。

8

考え方は変わっていい

困難を克服したサバイバーたちは、次に挙げるような相反する性質を同時に持っていた。

- 独創的でありながら分析的
- 真面目でありながらふざけている
- 勤勉でありながら怠け者
- 繊細でありながら図太い
- 疑り深いが同時に信じやすい
- 無私でありながら利己的
- 自信はあるが自己批判的
- 衝動的でいながら用意周到

・どっしりとしていながら予測不可能
・楽観的でいながら悲観的
・外向的でありながら内向的

このリストに漏れたもので、あなたに当てはまる「相反するペア」はあるだろうか？

これらの相反するパーソナリティをあわせ持つということは、同時に高い対人能力（EQ）の表れということができる。これらのペアが多ければ多いほど、あなたの心の弾力性は高いということだ。

あなたが自分なりのペアに気がついているなら、素晴らしい。人間は思っているよりも、はるかに複雑で、多くの面を持っているものだからだ。

そしてこれらのペアが多ければ、それがどういう組み合わせであれ、あなたは激しい変化のただなかにおいても、身軽に動けるようになるだろう。

そう、その意味で、あなたはいつもどっしりと構えていられる。周囲の人はあなたが何をしでかすか予測できないかもしれないが、あなたがあらゆる方法でうまくいく道を見つけられる、という点では安心して見ていられるのだ。

何が起こるかまるでわからない、こんな混沌とした間断なき変化の時代には、さまざまな対応の引き出しを持っていることが不可欠だ。どんな世界でも成功をおさめている人は、決まりきった反応しかできないよりも、あらゆる対応が可能であることが求められていると知っている。

自然界で生き残るために最も大切なもの、それは適応力だ。

あなたがいつも決まりきった反応しかできないのなら、自分がしてしまったことや言ってしまったことを後悔する機会も多くなるはずだ。**あなたがいつも反応に流されてしまって、意識してそれを選べないとすれば、あなたは自分の行為をコントロールしているとは言えない。**

人生がいつもうまくいかないという人を見ていると、往々にして、彼や彼女たちの反応が単調であることに気づく。

豹変することは許されないというのは、人の行動を制限してしまう古い考え方だ。あなたは、自分はいつも「こうでなくてはいけない」という考えに縛られてはいけない。
状況をあらゆる面から見ることができ、それに対して多くの行動の選択肢をあなたが持てるようになるとき、あなたの可能性は大きく広がる。

Point

「自分はこうでなくてはいけない」という考えに縛られず、状況に応じて違う反応ができる人が成功する。

9

自分にも人にもレッテルを貼らない

相反する性質を自分の中に多く持つことは、その人の精神的な不安定さの表れではないかと言う人がいる。

だが、それはまったく逆だ。自分の中でうまく処理された心の多様性は、心理的な安定と、あらゆる状況に対応する柔軟性をもたらしてくれる。

職場を例にとろう。柔軟性と適応力に富んでいる人は、収拾がつかないときには仮のリーダー役を買って出るかもしれないが、物事がスムーズに行っているときには目立つことがないかもしれない。

グループが楽観論に流れたときには、あえて悲観的な意見を出せるだろうし、暗いムードが蔓延しているときには、グループを活気づけるような意見を出すだろう。

もしあなたが自分はこうである、という固定的なイメージを持っているとしたら、あなたは自分の選択肢を自ら狭めていることになる。自分も、人も、さまざまな面を持っていることを認めたときに、あなたは多様な考えを自由に駆使する人間になれるし、また自分の思ってもいないことを他人がしても、落ち着いていられるのだ。

人はどんなレッテルや肩書よりも、複雑な存在だ。

私が気がついたのは、レッテルではなくその行動や思いを見ることで、より深くその人を理解できるということだ。悲観論者だとか、楽観論者だとか、アル中だとか、社交的だとか、というレッテルは一面的すぎる。

私が人を形容するときには、同時にそれとは反対の、相反する性質がないかどうかも見ていくようにしている。

あなたの中の互いに相反する性質は、他人だけではなくあなた自身も、ときにはとまどわせることがあるかもしれない。しかしそんな心の多様性を持っているということは、あなたに大きな助けとなってくれることだろう。

難しい問題を解決するには、直観と論理の両方が必要になるだろうし、真剣さと遊び心のどちらも同じように大事になるだろう。
不安定で混沌とした、今まで見たことのないような状況では、自分のとれる反応の選択肢が多いことが、突破の可能性を高めてくれる。

Point

自分にも他人にも「こういう人だ」というレッテルを貼らずに見られるようになれば、選択肢が増える。

10

周囲に活力を与える人になる

「シナジー」という言葉について説明しておこう。この語がはじめて使われたのは、医療の現場においてだった。２種類の薬を投与された患者が、それぞれの薬の効能を合わせた以上の効果をあげることがある。それをシナジーと呼んだのだ。

その後、心理学者アブラハム・マズローが、それを心理学上の概念として紹介した。彼は『Eupsychian Management』という著書の中で、管理職が部下に与える影響について書いている。

ある管理職の下で働く部下たちは、退社時には精神的に疲れ果てていた。そんな部下たちは家族、友人、コミュニティから得るサポートで、何とか精神の健全さを保っていたのである。

マズローは、部下たちの活力を消耗させるだけのそんな管理職を、反シナジー的とした。

さらにマズローは、部下たちが職場で活気に満ちて喜んで働く環境を作ったある管理職の例を挙げる。部下たちは職場のみならず、家庭でも健全で楽しい生活を送っていた。組織が部下のライフスタイル全般を活気づかせているのである。これはシナジー的な影響を持った管理職の特徴だ。

誰かが現れたとたん、その場の雰囲気が暗くなった。

あなたはそんな体験がないだろうか？

その人の性格よりも、その人がどんな影響を他人に与えるかのほうが重要だ。

私はいつからかそう思うようになった。

ある人は、反シナジー効果を人にもたらす。彼が現れると、なぜかその場にいる人がぐったりと疲れてしまうのである。

また、ある人はシナジー効果を人にもたらす。彼がいると、その場がスムーズに動き出すのだ。あなたもそんな人を何人か挙げられるはずだ。彼がいるとみんなが元気になるし、彼がいなくなると淋しくなる。

シナジー効果をもたらす人の注目すべき特徴は、困っていることがあると、それを何と

かしてあげたい、という気持ちがあることだ。

雨の日の友、という言葉がある。事がうまくいっているときは、彼らはわれ関せずというような顔をしているが、ひとたび事が起これば、彼らはどこからともなくやってきて、手を貸してくれるのだ。

あなたの思いと行動がシナジー的であればあるほど、あなたのいるところが居心地のよいものとなる。

実生活において、その人の性格なんて、その人が醸し出す全体の雰囲気に比べれば小さいことだ。

たとえば、「内向的な人」といっても、品がよくて物静かな人もいれば、いつも怒りを内に抱えて鬱々としているような人もいるだろう。

外向的とひとことでいっても、人好きがして友人が多いというタイプもいれば、いつも俺が俺が、と自己主張ばかりしているタイプもいる。

それと同じだ。私の言いたいことが伝わっているだろうか？

外向的とか内向的などという性格は、その人が「他の人に」どんな影響を与えているかに比べれば、はるかにマイナーなことなのである。

あなたの健全なライフスタイル、問題解決能力、セルフイメージ、相反する性質など私が書いてきたことすべてが、シナジーという核を持つことで、有機的に意味を持っていく。そしてそのシナジーとは、あなたがいる場所をスムーズに動かしたいという意図に支えられる。

そしてそのやり方は、あなた独自のユニークなものであるべきだし、個々の状況によっても違うだろう。刻々と変わる状況に瞬時に合わせていくカメレオンのようになるべきなのだ。

Point

性格などより、他の人にどんな影響を与えるかが大切だ。人を元気にすると決めてみよう。

11 シナジーの力を高める

シナジーの力を高めるためには、以下のようにすると効果がある。

・今まで経験したことのない新しい状況や困難なことに突き当たったときには、何をするのがみんなにとって最善の道なのかを考える。
・道を開くためのあらゆる方法を考える。他の人が何を求めているのかも、はっきりさせておく。
・物事をみんなのためにうまく動かしたいというのは、あなたが犠牲になることを意味しない。あなたも他人もよくなる、という道を見つけよう。
・物事を無理やり自分の望むようにすることと、自分の望む方向にうまく導いていくことの違いを知っておこう。

・たまには深呼吸して周りを見渡そう。何か「変だな」と直観で感じることがないだろうか。直観は、ときにはとても役立つものだ。
・一日の終わりに、自分の言動をおさらいしてみよう。「うまくいった一日だったろうか？」「自分がいることで、その場は活気づいたろうか？　あるいはスムーズに進んだろうか？」

あなたのシナジー力を測る指標の一つに、あなたが「今まで以上のことを今まで以下の労力で成し遂げているかどうか」がある。

シナジー力の高い人には、どれだけのことを成し遂げたかが大事で、どれだけの時間働いたかは関係ないのだ。

今までより多くのことを成し遂げ、それでいて、今まで以上にお楽しみの時間も残っている。そんなふうにあなたもなれるのだ。


もう一つ、こんなこともよい指標になる。

どんな組織にも、大きな問題が起きたときに重宝される人材がいる。**多くの人に最善の結果を出すように気を配っている人は、難しい問題が持ち上がったときにあてにされるよ**

うな人材であることが多い。

あなたはそんな人になっているだろうか？

Point

自分のことばかりではなく、他人のために何ができるかを考えることで自分自身もうまくいくようになる。

12

共感する力を高める

共感（empathy）とは、他の人が何を考え、何を感じているかを推し量る能力だ。あなたが周りの人をうまく導こうと思えば、その力は非常に大切になってくる。シナジーと共感は密接に関係している。

共感力を高めるためには、次のような質問が役に立つ。

(1) 今の状況をこの人はどうとらえているだろうか？
(2) 何を感じているだろうか？
(3) 何を見ているだろうか？
(4) どんな行動を起こすだろうか？

あなたがどんな問いを持つかで、あなたが他人の気持ちにオープンであるか否かが決まるのだ。

状況を他人の目で見られるかどうかが、あなたのクリエイティブな問題解決には不可欠になってくる。

「嫌なやつ」に対しても、共感することは有効だ。ただでさえ大変なときに、嫌なやつにも対応しなければならないとなったら、あなたはどうするだろう？

だいたい、嫌なやつというのは人のエネルギーを奪ってしまうものだが、それに対する有効なスキルがある。

まずはあなたの気持ちを落ち着かせることだ。心の弾力性を身につけたあなたなら、キレた人へも冷静に対処でき、自分への攻撃もうまくかわし、またネガティブな方向に引きずられることもないはずだ。ネガティブな人のエネルギーに引きずられないようにするには、次のことを意識しておくといい。

・他人は他人。人がどう思うかは、私がどうこう言えることじゃない。

・他人の言動であなたがむかついても、彼らのせいじゃない。むかついているのは、あなただ。あなたの心の許容範囲が小さいということだ。
・嫌なやつというのも、自分の弱さや小ささを教えてくれる、ありがたい先生なのだ。

あいつは人間のクズだ、と切って捨てたところで役には立たない。**人を悪者にしてやっと保てるような、もろいセルフ・イメージではダメなのだ。**それをしても彼らが変わってくれるということは絶対にない。彼らの存在に脅かされ続けるのは、あなたなのだ。

そうではなく、彼らの視点で物事を見てみることだ。彼らはなぜそんなことをしたり、言ったりするのだろう?

先ほど挙げた4つの質問を、自分に投げかけてみよう。

どんなやり方も、それだけで必ず効果をあげるとは残念ながら言えない。これもそうだ。視点を移すだけですべてが解決とは、残念ながらいかない。

一つのスキルが万能なのではなくて、それをいかに、そしていつ、使うかが重要なのだ。

ただ言えるのは、難しい人たちを裁くのではなくて、彼らの身になって考えることができないか、ということだ。

共感力を持って、シナジー効果を生み出せないかどうかを考えていくといい。

ただし、「共感」(empathy)と、「同情」(sympathy)は違う。同情とは他人が抱いている感情を同じように感じることだ。仲のよい友人たちは、同じように喜び、泣くことがあるだろう。それが同情だ。

しかし、共感とは自分の感情は切り離しながらも、他人の感情は理解できるという態度だ。たとえば、優秀な看護師や介護士とは、介護される人とうまく感情の距離をとることができる人たちなのである。

Point

「嫌なやつ」「難しい人」であっても、相手の視点でものを見るようにしてみると状況は変わる。

13

心に弾力性のある人は周りもうまくいかせる

これまで見てきたように、心に弾力性のある人は、ひとたび問題があれば切れ味鋭くさっそうとその問題に立ち向かうことができる。では、そんな人たちは問題がないときはどんなふうなのだろう。

彼らは、問題がないときには、物事が少しでもスムーズに運ぶように気を配っている。そして逆説的に聞こえるかもしれないが、シナジーの力が高ければ高いほど、問題が起こったときの対処能力も高いのだ。

ここで、シナジーの力の高い人であるためのポイントをまとめてみよう。

・あなたがいるときには、会議も円滑に行われる。周りの人も協力的になる。機械さえもうまく動いてくれる。**あなたが来るとその場が明るくなる。**
・あなたは楽々と仕事をこなしているように映る。実際そうなのだ。楽に仕事を進めるために、陰で大変な努力をしているのだから。
・物事がうまく流れているときには、ゆったりリラックスして仕事を楽しんでいる。ごり押ししないで、物事をうまく導くようにする。
・大事な仕事には集中するが、ルーティンの仕事ではうまく力を抜いている。そんなメリハリのついた仕事ができる。
・**人が見過ごしがちな小さなことにも、あなたは気がつく。**物事の「きざし」を見ることができるため、早いうちに適切な対応ができる。大きな問題にならないものもわかるので、そんなときには、たとえ他人が騒いでもゆったりと構えている。
・**不確実性やあいまいさにも高い許容力を持っている。**他の人のように、白か黒か、あれかこれか、を早急に求めない。間違った結論へ飛躍してしまうこともしない。しかし、少しの情報からでも適切な類推をして、的確な結論を出すこともできる。
・自分と違う意見があってもゆったりと構えている。反対意見を言いやすい雰囲気も作っている。さまざまな立場を理解することができるので、意見の調整もうまい。会議が紛糾したときに立派な調停役を務めることができる。
・そんなあなたを人は尊敬し信頼している。
・他人の喜びを、あなたはともに喜ぶことができる。
・あなたはいつもハッピーだ。人生も仕事も心から楽しんでいる。遊び心に満ちていて、よく笑い、いつも楽しげだ。
・直観を大事にしている。何かがおかしいと感じるときには、それを放っておかずに、とりあえず調べてみる。
・土壇場でじたばたしないように、しっかりと計画を立てている。
・好奇心が旺盛で、新しいもの、新しい状況に強い興味がある。
・緊急事態や危機に際して、あなたは悠然としていられる。うまく切り抜けられることを信じているからだ。

Point

心に弾力性があれば、人間関係も仕事もスムーズになる。

The Resiliency Advantage

STEP4

ステップ4

逆境を成長のチャンスにする

1

困難は幸運に変えることができる

子どものころに読み聞かされた物語の力が私たちにもたらす影響は大きい。
18世紀イギリスの政治家ホレス・ウォルポールも例外ではなかった。幼いころ、母が読み聞かせてくれたアリババやシンドバッド、そしてアラジンの物語。彼は胸おどらせたそんな物語を忘れることはなかった。大人になったウォルポールがふと思い出したのは、セレンディップ（のちのセイロン）の3人の王子の物語だ。それは王子たちが旅をしながら、思いがけない発見をしていくという話だった。

1754年1月28日付で友人に送った手紙の中で、ウォルポールは「セレンディピティ」という造語について書いている。

彼によると「セレンディピティ」とは、思いがけない出来事——特に事故やハプニングといった好ましくない出来事――を好運に変えることのできる能力を意味する。

整理すると、セレンディピティが起こるポイントは3つある。

1つは、ありがたくない出来事が起こる、ということ。

2つめには、気転や知恵を持ってそれに向き合うこと。

そして3つめとして、それを思いがけない幸運やギフトに変えるということ。

ウォルポールが思い出したその古いおとぎ話の中で、3人の王子たちは自分たちの知恵の限りを尽くして、次から次へと降りかかる困難を乗り越えていく。

彼が特に魅了されたのは、その物語が、私たち人間には困難や逆境を好運へと変えてしまう力がある、と教えてくれたからだ。

私はこのセレンディピティの力こそが、心の弾力性を身につけようとする人にとっての「黒帯」ではないかと考えている。

私が見てきた多くの人が、逆境から多くのものを学んで立ち上がっている。

それは、ただ単に転んだ人が起き上がるというだけではない。転んだことによってさらに高く弾み、上に行くのだ。

なぜならば、そのことによって、自分の中に今まで思ってもいなかったような新たな力を発見することができるからだ。
苦難があったゆえに、あなたの人生に新しい、そして大きな方向性が見えてくるのだ。

Point

セレンディピティを発揮することが究極の心の弾力性となる。

2 隠れたチャンスを発見する

困難に出くわしたときには、そこに隠れた、そして思いがけないことが隠されていないかどうか、常に探してみるといい。

・これが起こってよかったと思えることって何だろう？
・どうしたらこの不運を好運に変えられるだろう？
・これで思わぬ道が開けることが、何かないかな？

他の人はまいってしまうような状況でも、こんな問いを自分にしてみれば、心が開けるのを感じるはずだ。

あなたの脳の驚くべき性質の一つは、何かを求めると、それを発見してくれるということとだ。私たち人間は、同じものを見てもまったく違う感情を持つことがある。

たとえば、あなたが状況を広い視野で見ることができずに、狭い視野でとらえてしまうと、絶望しか見えてこないかもしれない。希望につながる情報は自分でシャットアウトしてしまっているからだ。

好ましくない出来事を好ましい出来事に変えていくような人は、意識してそこにチャンスを見つけようと状況をスキャンしているのだ。


ガンの宣告を受けた人の多くが、あたかもそれを死の宣告のように受け取ってしまうという。

しかし、ガンを自分を変革するためのきっかけとしていく人もいるのだ。

リンはそんな人の一人だった。

乳ガンと宣告され、乳房の一部の除去だけではなく全体の除去をしなければならないこと、そしてそれに続く放射線治療と薬物治療が必要なことを聞かされたとき、彼女は不安と恐れでパニックになってしまった。

そして、生き残った人に関するありとあらゆる文献を読み始めた。

そこで一つわかってきたことがあった。絶望的な状況の中でガンから生還した人の多くは、自分の人生を精神的に、また大きな視点からとらえ直すことから始めた、ということだ。自分の体を痛めつけるような治療の中で、リンは彼女の人生をもう一度見つめ直し、何が一番彼女にとって大切かを自分に問い続けた。

彼女は気持ちを詩に綴り、大切な人に読んでもらったり、自分の好きなこと、たとえばゴルフや愛犬をドッグショーに出すことに没頭した。それがガンを乗り越えるために有効だと信じたからだ。

やがてガンを克服したリンはこう語っている。

「私にとってガンは、敵ではないの。それは多くのことを教えてくれた。人生の長さが大事なのではない。人生をどう生きるかこそが大事だ、と。そして内なる声にしたがって日々を生きていくことの大切さもね」

Point

好ましくない状況でも広い視野で見ればチャンスは見つけられる。

3

セレンディピティは誰でも身につけられる

多くの人が、セレンディピティとシンクロニシティや幸運との違いがわかっていない。セレンディピティとは、単なる幸運ではないのだ。

幸運とは、たとえば、あなたが家を買ったら、その物置からその家以上の価値のある美術品が出てきた、などということだ。

また、シンクロニシティとは、私たちの理性ではとうてい説明できないような、意味ある偶然のことだ。単なる偶然というだけでは説明できないようなことだ。

量子物理学の世界では、われわれは互いに共鳴しあうエネルギーの海の中にいるということが解明されている。

そんな意識で世界を見るとき、今までとは違った可能性が開かれるはずだ。シンクロニシティは宇宙が私たちに仕掛けた冗談のように感じるかもしれない。

私の盟友の林田浩文（本書の訳者だ）が一人暮らしを始めたときのことだ。

彼はいくつもの物件を見て回ったが、ある物件が妙に気に入り、そのアパートに入ることにした。

そして数日後、引っ越したまさにその日、ポストに「林田様」あての手紙が入っていた。郵便局に手続きをする前のあまりに早い手紙だったので、彼は最初、紹介してくれた不動産屋からの手紙かな、と思ったという。

しかしよく見ると、苗字は確かに林田だったが、名前が違う。もう一度混乱した頭で考え始める。苗字と住所は同じ。名前が違う。

つまり、今までそこにいた人も同じ苗字の人だったのだ。

そこに気がついたとき、彼は全身に鳥肌が立つのを覚えた、という。

林田という姓はよくある姓ではなく、特にその地方にはほとんどない姓だったからだ。彼自身も同姓の人を、親戚を除けば数人しか知らなかった。

そのときから彼の考え方は根本から変わったという。

「私は、この世界には、何か大きな、はかり知れない意識が動いている、と信じるようになりました。そして、そんなシンクロニシティは私をよい方向に導いてくれている、と確信して生きていこうと思いました」

セレンディピティとは、誰でも身につけられる能力だ。それは、**失敗や損失と一見思えるようなものを、自分の能力を尽くして成功や利益につなげる能力だ。**

それはまた、絶望や被害者意識を持つことの対極にある心的態度でもある。

セレンディピティがわかれば、なぜある種の人々は困難をただ「しのぐ」だけではなくて、それを自分の成長の糧にできるのかがわかるはずだ。

あなたが次に困難に出会ったときには、前に言ったように、「これが起こってよかった、と思えることって何だろう?」と自分に問いかけるといい。

他の人なら落ち込んでしまうようなことに対しても、弾み上がる力をあなたが持つことができれば、それは素晴らしく優位な点になる。

思いがけない危機があなたを襲っても、あなたは被害者意識を持つことなく、それに立ち向かい、セレンディピティへと変えていくことができるのだ。

あなたが困難や逆境を恐れているとするなら、それは自分の力を過小評価しているからかもしれない。困難によって、今まで自分の中に眠っていた思いがけない力が呼び起こされる。そこにこそ、最悪を最高の体験に変えていく力が生まれる。

Point

困難に出会ってこそ、自分の思いがけない力が発揮でき、最悪を最高の体験に変えていける。

4

悪い状況でも最善を尽くす

大きなトラウマを経験した人の人生は、以前と同じではあり得ない。**よくなるか、悪くなるか。そのいずれにしろ、その経験前と後では人生が一変しているのには変わりない。**

スキップ・ウィルキンスは、高校のスター・アスリートだった。彼は、陸上とアメフトで多くの賞を受賞し、また20を超える大学からの勧誘を受けていた。

しかし、水上スキー中に、スキップは首の骨を折る事故にあってしまう、高校卒業から三日後のことだった。意識はあったが、体の感覚がまったくない。以前にも大きなけがをしたことはあったが、今度のはちょっと違っていた。やがて到着した救急車の中で、彼はただただ混乱していた。

スキップの父トムは、緊急医療室に横たわる息子の姿に顔を覆った。元落下傘部隊員だったトムも素晴らしいアスリートで、ボクシング、アメフト、タンブリング、水泳と、さまざまな種目で活躍していた。だからトム自身、スポーツ中の多くの事故を見てきていたのだ。

一目で彼は息子のケガが深刻であることがわかり、恐らく一生を車いすの上で送ることになるだろうと悟った。トムは息子の手を握り、恐怖に満ちた目を覗き込んで、やっと言葉を絞り出した。

「スキップ……おまえの……首の骨は折れているんだ……」

神経外科医がスキップの頭蓋骨に穴をあけ、器具で彼の頭と首を固定した。それからの数週間、スキップは自分ではどうしようもできない自分の体に対する治療を受けた。それはたとえようのない苦しみだった。

ただ、彼の骨折の部位が比較的低かったのが幸いし、彼は自力で呼吸したり首を動かすことはできた。やがて彼は、肩、腕、手の感覚を取り戻したが、下半身は動かないままだった。それでも、事故後に初めて自分の曲がった手でブドウをつまみ自分の口に持っていけたとき、彼はとても興奮したという。

彼が家に帰れたのは、彼の頭と首をつないでいる金属のフレームがやっと取れた後だった。父のトムが家を改造し、車いすでも生活できるようにしてくれた。

「なんで、俺がこんな目にあうんだ！」というのが、大きな事故や病気に苦しむ人の偽らざる思いだ。

その前には何でもなかったことさえできなくなるとき、人は、こんな人生なら生きていてもしかたがない、とか、なんで私がこんな目にあわなければいけないんだ、という問いに自分を苦しめるようになる。

スキップもそうだった。彼の頑健な肉体は永遠に失われたのだ。彼の絶望は深かった。彼が思い描いていた、大学でスター選手になるという夢は粉砕され、大学に行っても大変な困難が待ち受けているだけだろうという絶望だけが残った。

それに、こんな自分を、いったいどんな女性が愛してくれるというのだろう。

その後のリハビリは壮絶なものだったが、スキップはユーモアを持ってそれを切り抜けた。すぐにでも大好きなアウトドアやバスフィッシングをもう一度楽しみたかったのだ。

そして周りの助けとサポートによって、彼はやがて大学を卒業することもでき、心理学の学位も取得した。

ある日スキップは、会合でとても魅力的な女性に出会った。

「あんなかわいい子は、僕みたいなのとはデートしてくれないよな」とそばにいた妹にこぼすと、妹は「聞いてみないとわからないでしょ」と言うと立ち上がり、彼女のほうに歩いていった。

その女性、ダフネは看護師で、同じ高校のスターだったスキップを覚えていた。彼が3年のときに彼女は1年だったという。そしてなんと、デートの約束をしてくれたのだ。

2年の交際の後、彼らは結婚する。

スキップは車いすになったからといってスポーツをあきらめるような男ではなかった。彼はやがて厳しいトレーニングで自分を鍛え直し始めた。車いすでの競技に参加しようと考えたのだ。

彼は1975年から1980年の間に12もの車いす競技でアメリカ国内の記録を塗り替

えることになる。

そして車いすでの卓球では、10回にわたりチャンピオンにもなり、1980年の車いすのベスト選手にも選出された。

下って1996年のアトランタでのパラリンピックでは、キャスターを務める。

またビジネスマンとしても、スキップはワークアウト器具を販売する会社を共同経営し、頼まれれば自らの体験を講演して回るようになる。

経営者や服役囚、そしてもちろん、さまざまな障害を抱えている聴衆を前に講演するため、彼は世界中を旅した。彼のオフィスに行くと、多くの有名人と写った彼の写真が所狭しと飾られている。


スキップは、彼の身に起こったことをどう考えているだろう。

彼は言う。

「あの大けがで私は、他人と競うことをやめ、自分自身と競うことを覚えたのだと思います。人は常に最善を尽くすことをやめてはいけないんです。もちろん、あの事故にあう前に戻れるなら、それに越したことはありません。でも私が学んだことと引き換え、というのなら、それをあきらめるでしょうね。それほど、あの事故で私が学んだことは私の財産になっているのです」

逆境の中でも、あなたが貴重な知恵を学ぶことができるとすれば、それは本当に最悪の状況ではないはずだ。

絶対に自分からは望まないようなひどい状況の中でも、少しでも望み通りに状況を変えていく、という力は私たちの中にある。

私が思う最高の知恵とは、一見不幸と見えることを、幸運へと導いていける知恵だ。ただなんとか不幸をやり過ごすのではない。それによって、自分が前よりもさらによくなる、ということなのだ。不幸に見える出来事の向こうに広がる道を見つける知恵を持とう。

Point

どんなに悪い状況の中にも、自分の対応次第でそれを幸運に変える道はある。

5

道を開く力は自分の中にあると信じる

私があなたにどうしても伝えておきたいメッセージは、大事なのは状況そのものではない、ということだ。その状況においてあなたが何をするかが、はるかに大事なのだ。

そして人生の困難に立ち向かう力は、経験によってさらに高められていく、ということも忘れてはいけない。

人生の一大事の後で、人はそれ以前と同じではあり得ない。あなたは、そのことによって自分の知らなかった力を発見してさらによい人間になるか、あるいはそれによって粉砕され悪くなるか、そのどちらかでしかない。

哲学者ニーチェが、人間は困難にただ耐えるだけではなく、それによって人間として成長することができる、と言ってから100年がたつ。

私はひどいトラウマや悲しみから人が立ち直る過程を、勇気ある冒険にもたとえることができると思っている。

そしてその旅路は一人一人違っている。そこから立ち直り、そこから多くを学ぶことができるのだ。その学びは、思いもかけないものであるかもしれない。

最近では、何人かの心理学者がポスト・トラウマティック・グロウス（トラウマ後成長）ということを言いだしている。これはトラウマを残すようなことがバネになって成長を遂げる、ということだ。

彼らの研究で明らかになりつつあるのは、精神疾患を対象にした精神医学は、それを乗り越えようとする人には妨げになることもあり得るということだ。

私が研究してわかったのも、一般的にはそれによって粉砕されてもしかたないような大変な困難を経験した人であっても、それにうまく向き合い、自分を柔軟にそれに適応させることができれば、成長できるということだった。

私たちには、人生の大きな蹉跌によって自分自身を柔軟に変える力がある。

そう考えると、いわゆる「トラウマ」といわれるものは私たちに新たな人生のドアを開けるきっかけになってくれることがあるのだ。

Point

大きな困難こそ、自分の能力を高めるチャンスだ。

訳者あとがき

困難を懸命に乗り越える過程で、人は自らの新しい能力に目覚めていく

アル・シーバート

本書は２００８年に出版され、ロングセラーとして多くの読者にご支持をいただいた『凹まない人の秘密』を改題し、さらに読みやすく編集を加えたものです。

それからの８年、あまりにも多くの出来事がありました。

まず全世界を巻き込んだ金融危機が起き、その象徴とされるリーマン・ブラザーズが破綻したのは出版から半年後の２００８年9月でした。

そして日本中に衝撃を与えた未曾有の大地震、３・11もその後に起こったことでした。

前後しますが、私の大切な師であり、兄、そして友人でもあった本書の著者アル・シーバート博士が亡くなったのは２００９年のことです。

シーバートが指摘している通り、私たちを取り巻く世界は一時も休むことなく変化しています。もしかすると私たちに確かなものなど何もないかもしれない。いま、私たちが確かだ、と信じているものも明日には跡形もなく失われているかもしれません。

ただ一つ確かなものは、少なくとも今この瞬間は私たちは生きている、ということです。であればその瞬間を大切に、いつくしんで生きていく。博士が人生をかけて訴えてきたものは結局そのことだったのかもしれません。

アル・シーバートは40年以上にもわたり「生き残る人」（サバイバー）の研究を続けました。彼は元・落下傘部隊の隊員というユニークな経歴を持った心理学者です。そして若き日のそこでの出会いが彼の一生の研究を決定づけることになります。

新兵として彼が最初に配属された部隊の教官たちは10人に１人しか生還しなかったという、日本軍との激戦の舞台となったコレヒドール島帰りの精鋭でした。

こわもてでマッチョな鬼教官を想像していたシーバート青年の前に現れたのは、しかし、いつも楽しげで好奇心と遊び心にあふれたナイスガイたちだった、と彼は私に語ってくれました。

もちろん、彼らは性格が優しく温かいだけの人間ではありませんでした。

「彼らの心のレーダーはいつもONになっていて、常に周りを観察して、しかるべきときには速やかにやるべきことをやってのける人たちだった」そうです。

そんな彼らを「リラックスしていると同時に鋭かった」とシーバートが表現していたのが印象的でした。

彼らは、力で人や環境をねじふせながら自分の道を切り開いていくタフな男たちというよりも、戦場という生死をかけた場所で「ああ、こんな人とともに戦いたいな」と思わせるような人間性を持っていたのです。

逆に、力であらゆる敵をなぎ倒していく映画の『ランボー』の主人公のようなタイプは「戦場では真っ先にやられる」そうです。

そこからシーバートの研究が始まりました。タフでマッチョな人間だけが前向きに人生を切り開くことができる、という硬直した考えとは、その出発からして違っていました。

実は私には保険の代理店の経営者という別の顔があります。

シーバートの本に出会う前、私は、いかにしたら他人との競争に打ち勝ち、必要なら他人をねじふせて人生を成功することができるだろうか、という考えにとりつかれていました。

でも、それをあざ笑うように、そう考えれば考えるほど成功は離れていくように思えます。私には、力やポジティブ・シンキングだけで人生を切り開くという考え方は限界がある、と感じられてならなかったのです。

そんなときに彼の本と出会います。それが後に、私が翻訳した初めての本でもある“The Survivor Personality”—邦題『逆境に負けない人の条件』(フォレスト出版刊)でした。

そこには好奇心や遊び心を持つ、柔軟で適応力のある人間こそが人生を颯爽と送ることができる、と豊富な実例とともに書いてあったのです。

その生き生きとした人生観に震えるほど感動して「これだ!」と思った自分を今でもはっきりと覚えています。

それからわずか半年後、メールで数回やりとりしただけのシーバートの家に10日間もころがりこんでしまいました。

シアトルから南下して降り立った小さなバス停留所に、ぽつんと私を待っていてくれた彼の、年を重ねてはいましたがハンサムで少年のような目の輝きを忘れることはできません。

それから彼は家族同様に私と接してくれ、亡くなるまでの6年間、私は何度も渡米し、オレゴン州の彼の家で直接語り合うことができました。

シーバートの教えの中心は、「レジリエンス」という一つの言葉で表すことができます。今ではレジリエンス関係の本も多数出ているので、この言葉を知っている方も多いかもしれません。

ただ当時の私はレジリエンスなんて言葉、聞いたこともありませんでした。

そう言うと、彼は「アメリカ人にも馴染みのない言葉だよ。もとはカーペット業界でよく使われる言葉だった」と教えてくれました。

土足で踏みつけられるカーペット。「レジリエントなカーペット」とは、踏まれても踏まれてもへたらないですぐに起毛するカーペットのことです。

その例えがお気に入りらしく、私は彼から何度もその話を聞きました。

今になってみるとカーペットに例えたシーバートの気持ちがよくわかるような気がします。たとえつらい現実に打ちのめされそうになっても、それでへたってはいけない。その都度起き上がらなくてはいけない。あのカーペットのように。

たとえ逆境が自分の前に立ちふさがってきても、それを避けるのではなく、そこからどうやって立ち上がり、さらに強くなって生きていくのか、それこそが彼に私たちが問われていることだと思います。


彼は、生き残る人（サバイバー）の研究家でしたが、それは同時にシナジー的な人たちの研究でもあり、さらにはセレンディピティを起こす人の研究でもある、ともよく語っていました。

この本には、いかに彼が「シナジー」や「セレンディピティ」といったことがレジリエンスには大事なことと考えていたのかがよくわかるように書かれてあります。


私は今でも、現在の自分と世の中をアル・シーバートだったらどう考えるのだろう、とよく考えます。

そしてそのたびに彼のこんな言葉が聞こえてきます。

「自分の目で見て、自分なりに考えて、自分のやり方で道を切り開いていくべきだ。そうじゃないと君の人生なのに僕が生きることになってしまうじゃないか」

青い少年の目を細めて笑う彼が今も横にいるようです。

この本を読んでいただいたあなたの人生が、さらに颯爽ときらめくことを心よりお祈りしています。

本書をアル・シーバート夫人 Molly Siebert と姪の kp こと Kristin Pintarich に捧げます。

2016年3月吉日
林田レジリ浩文

逆境を生かす人　逆境に負ける人

発行日　2016年4月15日　第1刷

Author	アル・シーバート
Translator	林田レジリ浩文
Book Designer	井上新八
Publication	株式会社ディスカヴァー・トゥエンティワン 〒102-0093　東京都千代田区平河町2-16-1 平河町森タワー 11F TEL　03-3237-8321（代表） FAX　03-3237-8323 http://www.d21.co.jp
Publisher	干場弓子
Editor	藤田浩芳
Marketing Group Staff	小田孝文　中澤泰宏　吉澤道子　井筒浩　小関勝則　千葉潤子 飯田智樹　佐藤昌幸　谷口奈緒美　山中麻吏　西川なつか 古矢薫　米山健一　原大士　郭迪　松原史与志　蛯原昇　安永智洋 鍋田匠伴　榊原僚　佐竹祐哉　廣内悠理　伊東佑真　梅本翔太 奥田千晶　田中姫菜　橋本莉奈　川島理　倉田華　牧野類 渡辺基志　庄司知世　谷中卓
Assistant Staf	俵敬子　町田加奈子　丸山香織　小林里美　井澤徳子　藤井多穂子 藤井かおり　葛目美枝子　竹内恵子　清水有基栄　川井栄子 伊藤香　阿部薫　常徳すみ　イエン・サムハマ　南かれん 鈴木洋子　松下史　永井明日佳
Operation Group Staff	松尾幸政　田中亜紀　中村郁子　福永友紀　杉田彰子　安達情未
Productive Group Staff	千葉正幸　原典宏　林秀樹　三谷祐一　石橋和佳　大山聡子 大竹朝子　堀部直人　井上慎平　林拓馬　塔下太朗　松石悠 木下智尋　鄧佩妍　李瑋玲
Proofreader	文字工房燦光
DTP	株式会社 RUHIA
Printing	中央精版印刷株式会社

ISBN978-4-7993-1858-4

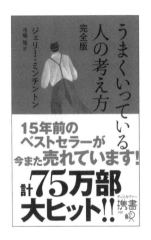

[illegible]は
[illegible]ら
[illegible]。
[illegible]、
[illegible]。